Grundgesetz

FÜR DIE
BUNDESREPUBLIK DEUTSCHLAND

vom 23. Mai 1949

mit

GESETZ ÜBER DAS
BUNDESVERFASSUNGSGERICHT

Textausgabe mit Sachregister
(Ausgabe Oktober 2004)

Herausgegeben von
Wolfgang Heyde

Philipp Reclam jun. Stuttgart

Diese Ausgabe wurde 1953–1970 von Staatssekretär a. D. Dr. Reinhold Mercker, 1971–1985 von Ministerialdirigent a. D. Georg Diller betreut. Seit 1986 hat Ministerialdirektor a. D. Dr. Wolfgang Heyde die Herausgabe übernommen.

RECLAMS UNIVERSAL-BIBLIOTHEK Nr. 7785

Gesamtherstellung: Reclam, Ditzingen. Printed in Germany 2004

ISBN 3-15-007785-0

www.reclam.de

Inhalt

Abkürzungsverzeichnis

Abs.	=	Absatz
Art.	=	Artikel
BGBl.	=	Bundesgesetzblatt
BVerfG	=	Bundesverfassungsgericht
BVerfGG	=	Bundesverfassungsgerichtsgesetz
EGStGB	=	Einführungsgesetz zum Strafgesetzbuch
EVertr.	=	Einigungsvertrag
GG	=	Grundgesetz
GMBl.	=	Gemeinsames Ministerialblatt
GO	=	Geschäftsordnung
GOBR	=	Geschäftsordnung des Bundesrats
GOBReg.	=	Geschäftsordnung der Bundesregierung
GOBT	=	Geschäftsordnung des Bundestags
i. d. F.	=	in der Fassung
i. S. d.	=	im Sinne des
RGBl.	=	Reichsgesetzblatt
Weim. Verf.	=	Weimarer Verfassung

Einleitung

Die vorliegende Ausgabe enthält das Grundgesetz in der Fassung, die es zuletzt durch das Änderungsgesetz zu Art. 96 vom 26. Juli 2002 (BGBl. I S. 2863) erhalten hat, sowie das Gesetz über das Bundesverfassungsgericht in der Neufassung vom 11. August 1993 (BGBl. I S. 1473) mit Änderungen zuletzt durch das Siebte Gesetz zur Änderung des BVerfGG vom 13. Dezember 2003 (BGBl. I S. 2546).

Die Entstehung des Grundgesetzes

Nach dem Ende des Zweiten Weltkriegs am 8. Mai 1945 und dem Untergang der NS-Gewaltherrschaft war Deutschland ohne Verfassung. Die staatliche Gewalt lag in den Händen der vier Alliierten. Sie gaben nach und nach und regional unterschiedlich die öffentliche Gewalt an deutsche Organe zurück. Am 1. Juli 1948 forderten die drei westlichen Besatzungsmächte die elf Ministerpräsidenten der westdeutschen Länder auf, eine verfassunggebende Versammlung einzuberufen. Auf Vorschlag der Ministerpräsidenten trat am 1. September 1948 ein Parlamentarischer Rat zusammen. Er bestand aus 65 Mitgliedern, die von den Landtagen der damaligen 11 Länder gewählt worden waren. Er erarbeitete und beschloß das Grundgesetz für die Bundesrepublik Deutschland; es wurde am 23. Mai 1949 verkündet und in Kraft gesetzt.

Inhaltlich knüpfte der Parlamentarische Rat an die Weimarer Reichsverfassung von 1919 an, die von den Nationalsozialisten außer Anwendung gesetzt worden war. Er hat sich zudem von den Erfahrungen, die zwischen 1919 und 1933 mit dieser Verfassung gemacht worden waren, leiten lassen; er stand aber auch unter dem Eindruck des Mißbrauchs und der Mißachtung des Rechts in der NS-Zeit. So ist das Grundgesetz eine Antwort auf die geschichtliche Entwicklung.

Am 7. September 1949 traten Bundestag und Bundesrat zu ihren konstituierenden Sitzungen zusammen. Erster Bundespräsident wurde Dr. Theodor Heuss, erster Bundeskanzler Dr. Konrad Adenauer.

Das Grundgesetz galt nur für das Gebiet der drei westlichen Besatzungszonen und von West-Berlin. Der östliche Teil Deutschlands ging unter der Herrschaft der sowjetischen Besatzungsmacht, die sich von den westlichen Demokratien in ihren gesellschafts- und staatspolitischen Vorstellungen grundlegend unterschied, und durch den bestimmenden Einfluß der SED einen eigenständigen Weg zur Deutschen Demokratischen Republik (DDR).

Der Einigungsvertrag

Die friedliche Revolution in der DDR im Spätherbst 1989 eröffnete den Weg zum Zusammenbruch des SED-Regimes, zur Öffnung der Mauer, zum Beitritt der DDR zur Bundesrepublik Deutschland nach Art. 23 GG und damit zur Deutschen Einheit mit Wirkung vom 3. Oktober 1990. Grundlage ist der Einigungsvertrag vom 31. August 1990 (BGBl. II S. 889). Vorausgegangen war der Vertrag vom 18. Mai 1990 über die Schaffung einer Währungs-, Wirtschafts- und Sozialunion zwischen der Bundesrepublik Deutschland und der DDR (BGBl. II S. 537), der mit Wirkung vom 1. Juli 1990 die Währungsunion herstellte.

Die Deutsche Einheit erfuhr in den Zwei-plus-Vier-Gesprächen ihre außenpolitische Absicherung. Der Vertrag zwischen der Bundesrepublik Deutschland, der DDR, Frankreich, Großbritannien, der Sowjetunion und den USA über die abschließende Regelung in Bezug auf Deutschland vom 12. September 1990 (BGBl. II S. 1318) bekräftigte den endgültigen Charakter der Grenzen des vereinten Deutschland. Er räumte Deutschland volle Souveränität über seine inneren und äußeren Angelegenheiten ein.

Das Grundgesetz für die Bundesrepublik Deutschland ist mit dem Wirksamwerden des Beitritts am 3. Oktober 1990 in den gleichzeitig neugegründeten Ländern Brandenburg, Mecklenburg-Vorpommern, Sachsen, Sachsen-Anhalt und Thüringen sowie im östlichen Teil von Berlin in Kraft getreten. Es ist damit die Verfassung des vereinten Deutschland.

Der Einigungsvertrag hat durch seinen Art. 2 Berlin zur Hauptstadt Deutschlands bestimmt. Ein Beschluß des Deutschen Bundestages vom 20. Juni 1991 bestimmte ferner Berlin als Sitz des Parlaments und damit auch als Regierungssitz; diese Entscheidung ist im Laufe des Jahres 1999 vollzogen worden.

Das Grundgesetz als rechtliche Grundordnung

Das Grundgesetz ist die rechtliche Grundordnung, nach der sich das Zusammenleben der Menschen und das Zusammenwirken der Organe in der Bundesrepublik vollzieht. Es regelt die Aufgaben und die Organisation des Staates sowie die verfassungsrechtliche Stellung der Bürger. Demzufolge bestimmt es im einzelnen den Staatsaufbau und die Verfassungsorgane des Bundes, denen die öffentliche Gewalt anvertraut ist: Bundespräsident, Bundestag, Bundesrat, Bundesregierung und Bundesverfassungsgericht. Durch bestimmte Grundentscheidungen setzt es einen Rahmen, in dem sich die verschiedenen politischen und gesellschaftlichen Kräfte entfalten können. Dabei zeigt es die Leitprinzipien auf, nach denen sich das politische Leben vollziehen soll und nach denen staatliche Aufgaben wahrzunehmen sind. Diese Prinzipien kommen vor allem in der Präambel, in den Grundrechten und in den Art. 20 und 28 zum Ausdruck. Die fünf tragenden Grundsätze sind:

- Ein Katalog unmittelbar geltender Grund- und Freiheitsrechte, an dessen Spitze die Unantastbarkeit der Menschenwürde steht.
- Das Demokratieprinzip mit der Gewährleistung einer parlamentarischen Demokratie, in der die Regierung dem Parlament, der frei gewählten Volksvertretung, verantwortlich ist.
- Das Rechtsstaatsprinzip mit der Garantie eines freiheitlichen Rechtsstaats, in dem nach den Grundsätzen der Gewaltenteilung Gesetzgebung (Legislative), vollziehende Gewalt (Exekutive) und Rechtsprechung (Judikative) verschiedenen Organen anvertraut sind.
- Das Sozialstaatsprinzip mit der Verpflichtung des Staates, für einen Ausgleich der sozialen Gegensätze und damit für eine gerechte Sozialordnung zu sorgen.
- Das Bundesstaatsprinzip mit einer Verteilung der Aufgaben zwischen Bund und Ländern im Bundesstaat, wobei Bund, Länder und Kommunen eigenständige Rechte haben.

Der durch das Grundgesetz gewährleistete Schutz der Grundrechte wird auf internationaler Ebene ergänzt durch die VN-Menschenrechtspakte sowie insbesondere durch die Europäische Konvention zum Schutze der Menschenrechte und Grundfreiheiten vom 4. 11. 1950 (EMRK) einschließlich sie ergänzender Protokolle. Die EMRK gibt dem Bürger unmittelbar Rechte und ist auch bei der Auslegung der Grundrechte des Grundgesetzes mit heranzuziehen.

Das Grundgesetz nennt die Ordnung, die das Gemeinwesen bestimmen soll, eine »freiheitliche demokratische Grundordnung«. Das Bundesverfassungsgericht hat sie als eine Ordnung definiert, »die unter Ausschluß jeglicher Gewalt- und Willkürherrschaft eine rechtsstaatliche Herrschaftsordnung auf der Grundlage der Selbstbestimmung des Volkes nach dem Willen der jeweiligen Mehrheit und der Freiheit und Gleichheit darstellt«. – Das Bundesverfassungsgericht wacht darüber, daß die Bindung aller staatlichen Gewalt an das Grundgesetz auch eingehalten wird.

Das Grundgesetz ist demnach nicht nur Schranke für staatliches Handeln; in ihm kommen die Lebensprinzipien einer freien Gemeinschaft zum Ausdruck. Dabei stellt es kein lückenloses System dar; es enthält keine abschließenden Entscheidungen für politische Grundfragen jedweder Art. Vielmehr legt es nur den Rahmen fest. Im übrigen handelt es sich um eine »offene Ordnung«, die Raum für einen freien politischen Prozeß läßt, den sie aber auch gewährleistet. In diesem Rahmen werden durchaus unterschiedliche politische Konzeptionen und Zielsetzungen, die den sich verändernden technischen, wirtschaftlichen und sozialen Gegebenheiten Rechnung tragen, ermöglicht.

Das Grundgesetz hat sich in den Jahrzehnten seines Bestehens auf der Basis eines breiten Konsenses in der Bevölkerung und in den tragenden politischen Kräften bewährt. Als verfassungsrechtliche Grundordnung muß es jedoch, um seine Funktion erfüllen zu können, auch in der Wirklichkeit des staatlichen und gesellschaftlichen Lebens bestimmend und regulierend wirken. Dies setzt die Bereitschaft aller Bürger voraus, die Inhalte der Verfassung als verbindlich zu betrachten und nach ihnen zu handeln; das heißt auch: Grund- und Bürgerrechte wahrzunehmen. Der demokratische Rechtsstaat ist darauf angewiesen, daß seine Bürger sich mit seiner Verfassung identifizieren. Bleibt diese Identifizierung aus, greifen die Vorschriften des Grundgesetzes zum Teil ins Leere und können ihre Funktion nicht erfüllen.

Änderungen des Grundgesetzes, Verfassungsreform

Das Grundgesetz kann nur durch ein Gesetz geändert werden, das seinen Wortlaut ausdrücklich ändert oder ergänzt (Art. 79 GG); dabei sind bestimmte, in Art. 79 Abs. 3 GG bezeichnete Änderungen überhaupt unzulässig. Es ist in seinem Wortlaut bisher wie folgt geändert oder ergänzt worden:

1. Die Vorschriften des ursprünglichen Art. 143 über den Hochverrat sind auf Grund ausdrücklicher Ermächtigung dieses Artikels durch Art. 7 des Strafrechtsänderungsgesetzes vom 30. 8. 1951 außer Kraft gesetzt worden.

2. Durch Gesetz vom 14. 8. 1952 (BGBl. I S. 445) ist der Art. 120a eingefügt worden (Sondervorschriften für die Lastenausgleichsverwaltung).

3. Hervorzuheben sind die Änderungen und Ergänzungen des Grundgesetzes durch die Gesetze vom 26. 3. 1954 (BGBl. I S. 45) und vom 19. 3. 1956 (BGBl. I S. 111), mit denen die Bestimmungen über das *Verteidigungswesen* eingefügt wurden, die in dem ursprünglichen Text des Grundgesetzes fehlten. Damit wurde den tiefgehenden Meinungsverschiedenheiten, die lange Zeit das politische Leben der Bundesrepublik belastet hatten, ob nämlich auch ohne ausdrückliche Vorschriften im Grundgesetz die Aufstellung von militärischen Verbänden zulässig sei, ein Ende bereitet.

4. Die *finanzrechtlichen Vorschriften* der Art. 106 und 107 über die Verteilung der Steuern auf Bund und Länder sind durch Gesetz vom 23. 12. 1955 (BGBl. I S. 817) neu gefaßt worden, nachdem die hierfür ursprünglich im Art. 107 gesetzte Frist zweimal verlängert worden war (Gesetze vom 20. 4. 1953 – BGBl. I S. 130 – und vom 25. 12. 1954 – BGBl. I S. 517). Der Art. 106 wurde sodann nochmals geändert durch Gesetz vom 24. 12. 1956 (BGBl. I S. 1077). Siehe auch die Änderungsgesetze zu Nr. 37 und 38.

5. Im Zusammenhang mit dem Allgemeinen Kriegsfolgengesetz vom 5. 11. 1957 ist durch Gesetz vom 22. 10. 1957 (BGBl. I S. 1745) der Art. 135a dem Grundgesetz eingefügt worden.

6. Der Erlaß des Atomgesetzes machte die Einfügung des Art. 74 Nr. 11a und des Art. 87c durch Gesetz vom 23. 12. 1959 (BGBl. I S. 813) erforderlich.

7. Mit dem Gesetz vom 6. 2. 1961 (BGBl. I S. 65) ist Art.

87d eingefügt worden (Regelung der Luftverkehrsverwaltung).

8. Das 12. Gesetz zur Änderung des Grundgesetzes vom 6. 3. 1961 (BGBl. I S. 141) änderte den Art. 96a.

9. Durch das 13. Gesetz zur Änderung des Grundgesetzes vom 16. 6. 1965 (BGBl. I S. 513) ist Art. 74, durch das 14. Gesetz zur Änderung des Grundgesetzes vom 30. 7. 1965 (BGBl. I S. 649) Art. 120, durch das 15. Gesetz zur Änderung des Grundgesetzes vom 8. 6. 1967 (BGBl. I S. 581) Art. 109 geändert worden.

10. Das 16. Gesetz zur Änderung des Grundgesetzes vom 18. 6. 1968 (BGBl. I S. 657) änderte den Art. 95 und einige weitere Vorschriften; anstelle des zur Wahrung der Rechtseinheit dort vorgesehenen obersten Bundesgerichts tritt ein gemeinsamer Senat der obersten Gerichtshöfe des Bundes (bisher »obere Bundesgerichte« genannt).

11. Umfangreiche Änderungen hat das 17. Gesetz zur Ergänzung des Grundgesetzes vom 24. 6. 1968 (BGBl. I S. 709) – die sogenannte *Notstandsverfassung* – zum Inhalt. Das Kernstück ist ein neu eingefügter Abschnitt X a über den Verteidigungsfall; nicht minder bedeutsam sind aber zahlreiche weitere Änderungen des Grundgesetzes in diesem Gesetz.

12. Das 18. Gesetz zur Änderung des Grundgesetzes vom 15. 11. 1968 (BGBl. I S. 1177) hat die Fristen, innerhalb derer der Bundesrat seine Rechte im Gesetzgebungsverfahren geltend machen kann (Art. 76 und 77), verlängert. Siehe auch das Änderungsgesetz zu Nr. 36.

13. Durch das 19. Gesetz zur Änderung des Grundgesetzes vom 29. 1. 1969 (BGBl. I S. 97) wurde die Verfassungsbeschwerde verfassungsrechtlich abgesichert (Art. 93 Abs. 1 Nr. 4a und 4b, 94 Abs. 2).

14. Bedeutsam ist das 20. Gesetz zur Änderung des Grundgesetzes vom 12. 5. 1969 (BGBl. I S. 357) mit seinen Änderungen der Art. 109 ff., die eine Präzisierung der haushaltsrechtlichen Bestimmungen – auch im Verhältnis von

Bund und Ländern – zum Inhalt haben und das Recht der Bundesregierung aus Art. 113 (Erteilung der Zustimmung zu ausgabenerhöhenden Gesetzen) praktikabler gestalten sollen.

15. Das 21. Gesetz zur Änderung des Grundgesetzes vom 12. 5. 1969 (BGBl. I S. 359) trägt den Zusatz *Finanzreformgesetz*. Es führt in einem neuen Abschnitt VIII a das Institut der »Gemeinschaftsaufgaben« ein und schafft damit die Möglichkeit einer Mitwirkung des Bundes an der Erfüllung von Länderaufgaben auf bestimmten Gebieten. Ein neuer Art. 104 a regelt die Ausgabenverteilung zwischen Bund und Ländern. Vor allem aber gestaltet das Gesetz die Vorschriften der Art. 105–108, insbesondere über die Gesetzgebungskompetenz und die Verteilung der Steuern auf Bund und Länder, völlig neu.

16. Das 22. Gesetz zur Änderung des Grundgesetzes vom 12. 5. 1969 (BGBl. I S. 363) erweiterte den Katalog der konkurrierenden Gesetzgebungszuständigkeit (Art. 74) und der Rahmengesetzgebungskompetenz des Bundes (Art. 75) und faßte die Bestimmungen über die Disziplinargerichtsbarkeit des Bundes neu (Art. 96).

17. Das 23. Gesetz zur Änderung des Grundgesetzes vom 17. 7. 1969 (BGBl. I S. 817) setzte der Bundesregierung für die Zuleitung von Gesetzesvorlagen des Bundesrats an den Bundestag eine Frist von 3 Monaten. Sie ist später verkürzt worden.

18. Das 24. Gesetz zur Änderung des Grundgesetzes vom 28. 7. 1969 (BGBl. I S. 985) änderte eine Fristbestimmung in Art. 120.

19. Durch das 25. Gesetz zur Änderung des Grundgesetzes vom 19. 8. 1969 (BGBl. I S. 1241) hat der Art. 29 über die Neugliederung des Bundesgebiets eine Neufassung erhalten.

20. Mit dem 26. Gesetz zur Änderung des Grundgesetzes vom 26. 8. 1969 (BGBl. I S. 1357) wurde die Einführung

eines 2. Rechtszuges in Staatsschutz-Strafsachen durch eine Ergänzung des Art. 96 verfassungsrechtlich abgesichert.

21. Durch das 27. Gesetz zur Änderung des Grundgesetzes vom 31. 7. 1970 (BGBl. I S. 1161) wurde in Art. 38 das Wahlrechtsalter auf das 18. Lebensjahr und das Wählbarkeitsalter auf das 21. Lebensjahr herabgesetzt. Außerdem wurde durch eine Änderung des erst durch das 21. Änderungsgesetz eingefügten Art. 91 a der Ausbau und Neubau aller Hochschulen (also nicht nur der wissenschaftlichen) zur Gemeinschaftsaufgabe erklärt.

22. Um eine uneinheitliche Entwicklung der Besoldungsregelung für Beamte im Bund und in den Ländern zu verhindern, hat das 28. Gesetz zur Änderung des Grundgesetzes vom 18. 3. 1971 (BGBl. I S. 206) dem Bund an Stelle der bis dahin bestehenden Rahmenkompetenz eine konkurrierende Gesetzgebungskompetenz für den Besoldungsbereich der Länder gegeben (Art. 74 a).

23. Mit der Erweiterung der konkurrierenden Gesetzgebungszuständigkeit des Bundes durch das 29. Gesetz zur Änderung des Grundgesetzes vom 18. 3. 1971 (BGBl. I S. 207) auf das Gebiet des Tierschutzes (Art. 74 Nr. 20) wurde der Weg für eine bundeseinheitliche Neuregelung des Tierschutzes frei.

24. Mit dem 30. Gesetz zur Änderung des Grundgesetzes (Umweltschutz) vom 12. 4. 1972 (BGBl. I S. 593) wurde durch die Einfügung des Art. 74 Nr. 24 die konkurrierende Gesetzgebungszuständigkeit auf die Gebiete Abfallbeseitigung, Luftreinhaltung und Lärmbekämpfung erstreckt und damit eine verfassungsrechtlich einwandfreie Grundlage geschaffen, Fragen des Umweltschutzes bundesgesetzlich erschöpfend zu regeln.

25. Das 31. Änderungsgesetz vom 28. 7. 1972 (BGBl. I S. 1305) brachte Änderungen des Grundgesetzes auf drei Bereichen: Die Neufassung des Art. 35 Abs. 2 GG erweiterte die Möglichkeiten zum Einsatz des Bundesgrenzschutzes außerhalb der Grenzzone. Die Neufassung der Art. 73

Nr. 10 und 87 Abs. 1 gab dem Bund die Befugnis, die Zusammenarbeit des Bundes und der Länder auch zum Schutze auswärtiger Belange der Bundesrepublik zu regeln und dem Bundesverfassungsschutzamt die Koordinierungsaufgaben in diesem Bereich zuzuweisen. Durch die Einfügung der neuen Nr. 4a in Art. 74 erhielt der Bund eine umfassende Gesetzgebungskompetenz für das Waffenrecht und damit die Möglichkeit, die bisher in den Landeswaffengesetzen enthaltenen sicherheitsrechtlichen Vorschriften zu vereinheitlichen.

26. Um den Rechtsschutz des Staatsbürgers und die Kontrollfunktion des Parlaments gegenüber Regierung und Verwaltung zu verbessern, wurde durch das 32. Gesetz zur Änderung des Grundgesetzes (Art. 45c) vom 15. 7. 1975 (BGBl. I S. 1901) der Bundestag verpflichtet, einen Petitionsausschuß zu bestellen und ermächtigt, dessen Kontrollbefugnisse bei der Überprüfung von Beschwerden zu regeln.

27. Durch das 33. Gesetz zur Änderung des Grundgesetzes (Art. 29 und 39) vom 23. 8. 1976 (BGBl. I S. 2381) erfuhr der Art. 29 GG eine neuerliche Änderung. An die Stelle des bisherigen strikten Verfassungsauftrags zur Neugliederung trat, den veränderten Verhältnissen entsprechend, eine bloße »Kann«-Vorschrift.

Zugleich wurde der Art. 39 GG so geändert, daß es bei normalem Ende der Wahlperiode oder im Falle der Bundestagsauflösung nicht mehr zu einer – politisch-faktischen oder rechtlichen – »parlamentslosen« Zeit kommen kann. Gleichzeitig wurde dadurch verhindert, daß ein Parlament noch amtiert, obwohl seine Legitimation durch die inzwischen erfolgte Neuwahl fragwürdig geworden ist. Da es keine Zeit »zwischen zwei Wahlperioden« i. S. d. Art. 45, 45a Abs. 1 S. 2, Art. 49 GG mehr geben kann, konnten diese Bestimmungen als Folgeänderung gestrichen werden.

28. Das 34. Gesetz zur Änderung des Grundgesetzes (Art. 74 Nr. 4a) vom 23. 8. 1976 (BGBl. I S. 2383) erweiterte, auf einen Antrag des Bundesrates zurückgehend, die Gesetz-

gebungskompetenz des Bundes auf den Bereich des Sprengstoffrechts.

29. Durch das 35. Gesetz zur Änderung des Grundgesetzes vom 21. 12. 1983 (BGBl. I S. 1481) wurde Art. 21 Abs. 1 Satz 4 dahin neu gefaßt, daß die Parteien nicht wie zuvor nur über die Herkunft ihrer Mittel Rechnung geben müssen, sondern auch über deren Verwendung sowie über ihr Vermögen.

30. Durch Art. 4 des Einigungsvertrags vom 31. 8. 1990 sind die folgenden beitrittsbedingten Verfassungsänderungen vorgenommen worden: Neufassung der Präambel, Aufhebung des Art. 23, Neufassung des Art. 51 Abs. 2 (Stimmenverhältnisse im Bundesrat), Erweiterung des Art. 135a um einen neuen Abs. 2, Schaffung eines neuen Art. 143 (vorübergehende Zulässigkeit von Abweichungen vom Grundgesetz im Beitrittsgebiet), Neufassung des Art. 146.

31. Das Gesetz zur Änderung des Grundgesetzes vom 14. 7. 1992 (BGBl. I S. 1254) ermöglichte durch eine Ergänzung des Art. 87d Abs. 1 die Privatisierung der Flugüberwachung.

32. Von zentraler Bedeutung war die Schaffung des neuen Europa-Artikels 23 verbunden mit Änderungen bzw. Ergänzungen der Art. 24, 28, 50, 52, 88 und 115e sowie der Einfügung eines neuen Art. 45 durch das Gesetz zur Änderung des Grundgesetzes vom 21. 12. 1992 (BGBl. I S. 2086).

33. Das Gesetz zur Änderung des Grundgesetzes (Art. 16 und 18) vom 28. 6. 1993 (BGBl. I S. 1002) brachte den neuen Art. 16a mit einer differenzierten Ausgestaltung des Asyl-Grundrechts.

34. Durch das Gesetz zur Änderung des Grundgesetzes vom 20. Dezember 1993 (BGBl. I S. 2089) wurde durch eine Änderung bzw. Ergänzung der Art. 73, 74, 80 und 87 sowie die Einfügung neuer Artikel 87e, 106a und 143a die verfassungsrechtliche Grundlage für die Eisenbahnreform, insbesondere eine Privatisierung, geschaffen.

35. Das Gesetz zur Änderung des Grundgesetzes vom

30.8.1994 (BGBl. I S. 2245) brachte die verfassungsrechtliche Basis für eine volle Privatisierung der Post (Postdienst, Telekom, Postbank): Änderung der Artikel 73 Nummer 7, 80 Abs. 2 und 87 Abs. 1 Satz 1 sowie Einfügung der neuen Artikel 87f und 143b.

36. Der Einigungsvertrag hat in seinem Art. 5 den gesetzgebenden Körperschaften empfohlen, sich innerhalb von zwei Jahren mit den im Zusammenhang mit der deutschen Einigung aufgeworfenen Fragen zur Änderung oder Ergänzung des Grundgesetzes zu befassen. Zu diesem Zweck hat der Bundesrat eine Kommission Verfassungsreform und haben Bundestag und Bundesrat eine Gemeinsame Verfassungskommission eingesetzt. – Bei den Beratungen ging es u. a. um eine Stärkung der föderalen Strukturen, die Schaffung von Staatszielbestimmungen und eine Reihe anderer politisch diskutierter Verfassungsänderungen. Die Gemeinsame Verfassungskommission hat ihre Beratungen im Juli 1993 mit einer Reihe von Vorschlägen abgeschlossen. Der umfangreiche Bericht vom 28. Oktober 1993 war Grundlage für ein Gesetz zur Änderung des Grundgesetzes vom 27. 10. 1994 (BGBl. I S. 3146); Artikel 3, 20a, 28, 29, 72, 74, 75, 76, 77, 80, 87, 93, 118a und 125a.

37. Das Gesetz zur Änderung des Grundgesetzes vom 3. 11. 1995 (BGBl. I S. 1492) modifizierte die Regelungen in Art. 106 Abs. 3 und 4 über die Festsetzung der Anteile von Bund und Ländern an der Umsatzsteuer.

38. Das Gesetz zur Änderung des Grundgesetzes (Art. 28 und 106) vom 20. 10. 1997 (BGBl. I S. 2470) anläßlich der Abschaffung der Gewerbekapitalsteuer ergänzte Art. 28 Abs. 3 Satz 3, änderte in Art. 106 die Absätze 3 und 6 und ergänzte Art. 106 um einen neuen Absatz 5a.

39. Das Gesetz zur Änderung des Grundgesetzes (Art. 13) vom 26.3.1998 (BGBl. I S. 610) ergänzte Art. 13 um Regelungen, die die Voraussetzungen für den Einsatz technischer Mittel zur Überwachung von Wohnungen festlegen.

40. Das Gesetz zur Änderung des Grundgesetzes (Art. 39)

vom 16. 7. 1998 (BGBl. I S. 1822) stellt sicher, daß Bundestagswahlen künftig stets im Herbst (außerhalb der Ferienmonate) stattfinden können.

41. Auf Grund einer Ergänzung des Art. 16 Abs. 2 durch das Gesetz zur Änderung des Grundgesetzes (Art. 16) vom 29. 11. 2000 (BGBl. I S. 1633) dürfen an einen Mitgliedstaat der Europäischen Union oder an einen internationalen Gerichtshof auch deutsche Staatsangehörige ausgeliefert werden.

42. Das Gesetz zur Änderung des Grundgesetzes (Art. 12 a) vom 19. 12. 2000 (BGBl. I S. 1755) ermöglicht im Anschluß an eine Entscheidung des Europäischen Gerichtshofes freiwilligen Dienst von Frauen mit der Waffe in der Bundeswehr.

43. Das Gesetz zur Änderung des Grundgesetzes (Art. 108) vom 26. 11. 2001 (BGBl. I S. 3219) hat durch Neufassungen von Art. 108 Abs. 1 Satz 3 und Abs. 2 Satz 3 die Voraussetzungen für einen zweistufigen (bisher dreistufigen) Aufbau der Bundes- und Landesfinanzbehörden geschaffen.

44. Das Gesetz zur Änderung des Grundgesetzes (Staatsziel Tierschutz) vom 26. 7. 2002 (BGBl. I S. 2862) gab durch eine Ergänzung des Art. 20a dem Tierschutz den Rang eines Staatsziels. Das weitere Änderungsgesetz (Art. 96) vom gleichen Tag (S. 2863) hat in eine erweiternde Neufassung des Art. 96 Abs. 5 auch die Straftaten des Völkerstrafgesetzbuchs aufgenommen.

Das Gesetz über das Bundesverfassungsgericht und seine Änderungen

Das *Gesetz über das Bundesverfassungsgericht* regelt, wie in Art. 94 GG vorgesehen, Verfassung und Verfahren des Bundesverfassungsgerichts.

Anders als die *Weimarer Reichsverfassung* hat das *Grund-*

gesetz die Verfassungsgerichtsbarkeit in einem außerordentlich weiten Umfang ausgebildet. Die Zuständigkeiten des Bundesverfassungsgerichts sind im einzelnen in § 13 BVerfGG aufgeführt. Außer den 1949 im Grundgesetz bereits vorgesehenen Zuständigkeiten hat das Bundesverfassungsgerichtsgesetz noch die *Verfassungsbeschwerde* geschaffen (§§ 90 ff.), die seit 1969 auch verfassungsrechtlich abgesichert ist (19. Gesetz zur Änderung des GG).

Das Bundesverfassungsgerichtsgesetz ist am 1. 2. 1951 im Bundestag mit allen Stimmen gegen die Stimmen der KPD angenommen und am 16. 4. 1951 verkündet worden. Durch Gesetz vom 21. 7. 1956 (BGBl. I S. 662) sind vor allem die Vorschriften über die Zahl der Richter, die Richterwahl, die Zuständigkeiten der Senate und das Verfahren bei Verfassungsbeschwerden geändert worden. Weitere Änderungen haben das 2. Gesetz zur Änderung des Gesetzes über das Bundesverfassungsgericht vom 26. 6. 1959 (BGBl. I S. 297), § 92 des Deutschen Richtergesetzes vom 8. 9. 1961 (BGBl. I S. 1665) und das 3. Gesetz zur Änderung des Gesetzes über das Bundesverfassungsgericht vom 3. 8. 1963 (BGBl. I S. 589) gebracht (letzteres insbesondere erneut eine Vereinfachung des Verfahrens der Verfassungsbeschwerde). Ferner hat das Vereinsgesetz vom 5. 8. 1964 (BGBl. I S. 593 ff.) in seinem § 28 Vorschriften des Bundesverfassungsgerichtsgesetzes geändert.

Eine wesentliche Änderung brachte das 4. Gesetz zur Änderung des Gesetzes über das Bundesverfassungsgericht vom 21. 12. 1970 (BGBl. I S. 1765). Durch diese Änderung sollte der Status des Gerichts als eines obersten Verfassungsorgans gefestigt und seine Funktionsfähigkeit verbessert werden. Hervorzuheben sind folgende Änderungen: Vereinheitlichung der Rechtsstellung der Bundesverfassungsrichter, Zulassung des Sondervotums, Änderung der Wirkung und Veröffentlichung einzelner Entscheidungsformeln, veränderte Annahmevoraussetzungen für die Verfassungsbeschwerden, Erleichterungen für den Erlaß einstweiliger

Anordnungen. – Weitere geringfügige Änderungen (u. a. Art. 31 des Gesetzes vom 2. 3. 1974 (BGBl. I S. 469), § 96 des Gesetzes vom 24. 8. 1976 (BGBl. I S. 2485) und Art. V des Gesetzes vom 20. 3. 1979 (BGBl. I S. 357) betrafen vor allem die besoldungs- und versorgungsrechtlichen Vorschriften.

Erheblichere Änderungen brachte das Gesetz zur Änderung des Gesetzes über das Bundesverfassungsgericht und zur Änderung des Deutschen Richtergesetzes vom 12. 12. 1985 (BGBl. I S. 2226). Angesichts gestiegener Zahlen von Verfassungsbeschwerden sollte es vor allem einer Überlastung des Gerichts begegnen. Hervorzuheben sind: Gebühr für nicht angenommene und verworfene Verfassungsbeschwerden, verbunden mit einer Vorschußpflicht, Erweiterung der Zuständigkeit der Kammern, Vertretung eines Richters bei Beschlußunfähigkeit eines Senats.

Kern des 5. Gesetzes zur Änderung des Gesetzes über das Bundesverfassungsgericht vom 2. 8. 1993 (BGBl. I S. 1442) ist eine Neufassung der §§ 93 a–93 d mit einer Neugestaltung des Annahmeverfahrens bei Verfassungsbeschwerden. Weitere Änderungen betreffen u. a. die (neue) Kompetenz der Kammern, über unzulässige Richtervorlagen zu entscheiden, sowie die Möglichkeit, bei unverschuldeter Versäumung der Frist zur Einlegung der Verfassungsbeschwerde Wiedereinsetzung in den vorigen Stand zu gewähren. Die 1985 eingeführten Regelungen über Gebühr und Vorschußpflicht sind wieder aufgehoben worden.

Im Anschluß an dieses Änderungsgesetz ist das Bundesverfassungsgerichtsgesetz in einer Neufassung vom 11. 8. 1993 (BGBl. I S. 1473) insgesamt neu bekanntgemacht worden. Es wurde durch das Gesetz zur Änderung des Bundesverfassungsgerichtsgesetzes und des Gesetzes über das Amtsgehalt der Mitglieder des Bundesverfassungsgerichts vom 16. 7. 1998 (BGBl. I S. 1823) erweitert: u. a. Regelung des Verfahrens nach der neuen Nr. 2 a des Art. 93 Abs. 1 GG, Einfügung eines Abschnitts über Akteneinsicht außerhalb des Verfahrens, begrenzte Zulassung von Ton- und Fernseh-

Rundfunkaufnahmen in mündlichen Verhandlungen und bei der Verkündung. Kleine Folgeänderungen (in § 61 Abs. 1 Satz 1, § 34 Abs. 2 und § 98 Abs. 3 Nr. 2) aus anderweitigen Regelungen brachten § 3 des Gesetzes vom 16. 2. 2001 (BGBl. I S. 266), Art. 8(1) des Gesetzes vom 27. 4. 2001 (BGBl. I S. 751) und Art. 11 des Gesetzes vom 19. 6. 2001 (BGBl. I S. 1046).

Das Sechste Gesetz zur Änderung des BVerfGG vom 22. 8. 2002 (BGBl. I S. 3386) enthält eine Anpassung der Verfahrensregelungen des BVerfGG (Änderung § 13, neue §§ 66a und 82a) an das Untersuchungsausschußgesetz vom 19. 6. 2001 (BGBl. I S. 1142). Das Siebte BVerfGG-Änderungsgesetz vom 13. 12. 2003 (BGBl. I S. 2546) hat die Änderungen von 1998 und 2002 um Klarstellungen in § 14 Abs. 1 und 2 sowie § 31 Abs. 2 Satz 1 ergänzt.

Das Bundesverfassungsgerichtsgesetz wird ergänzt durch das Gesetz über das Amtsgehalt der Mitglieder des Bundesverfassungsgerichts vom 28. 2. 1964 (BGBl. I S. 133), zuletzt geändert durch Gesetz vom 16. 7. 1998 (BGBl. I S. 1823); es wird ferner ergänzt durch die Geschäftsordnung des Bundesverfassungsgerichts vom 15. 12. 1986 (BGBl. I S. 2529), geändert durch Beschluß des BVerfG vom 11. 7. 1989 (BGBl. I S. 1571), Beschluß vom 18. 12. 1995 (BGBl. 1996 I S. 474) und gemäß Bekanntmachung vom 7. 1. 2002 (BGBl. I S. 1171), sowie den Beschluß des Plenums des Gerichts über die Änderung der Geschäftsverteilung zwischen den beiden Senaten vom 15. November 1993 (BGBl. I S. 2492).

I

GRUNDGESETZ FÜR DIE BUNDESREPUBLIK DEUTSCHLAND

vom 23. Mai 1949 (BGBl. S. 1)

Der Parlamentarische Rat hat am 23. Mai 1949 in Bonn am Rhein in öffentlicher Sitzung festgestellt, daß das am 8. Mai des Jahres 1949 vom Parlamentarischen Rat beschlossene *Grundgesetz für die Bundesrepublik Deutschland* in der Woche vom 16. bis 22. Mai 1949 durch die Volksvertretungen von mehr als zwei Dritteln der beteiligten deutschen Länder angenommen worden ist.

Auf Grund dieser Feststellung hat der Parlamentarische Rat, vertreten durch seine Präsidenten, das Grundgesetz ausgefertigt und verkündet.

Das Grundgesetz wird hiermit gemäß Artikel 145 Absatz 3 im Bundesgesetzblatt veröffentlicht.

PRÄAMBEL[1]

Im Bewußtsein seiner Verantwortung vor Gott und den Menschen, von dem Willen beseelt, als gleichberechtigtes Glied in einem vereinten Europa dem Frieden der Welt zu dienen, hat sich das Deutsche Volk kraft seiner verfassungsgebenden Gewalt dieses Grundgesetz gegeben.

Die Deutschen in den Ländern Baden-Württemberg, Bayern, Berlin, Brandenburg, Bremen, Hamburg, Hessen, Mecklenburg-Vorpommern, Niedersachsen, Nordrhein-Westfalen, Rheinland-Pfalz, Saarland, Sachsen, Sachsen-Anhalt, Schleswig-Holstein und Thüringen haben in freier Selbstbestimmung die Einheit und Freiheit Deutschlands vollendet. Damit gilt dieses Grundgesetz für das gesamte Deutsche Volk.

1 Fassung des EVertr.

I. DIE GRUNDRECHTE

Artikel 1

(1) Die Würde des Menschen ist unantastbar. Sie zu achten und zu schützen ist Verpflichtung aller staatlichen Gewalt.

(2) Das Deutsche Volk bekennt sich darum zu unverletzlichen und unveräußerlichen Menschenrechten als Grundlage jeder menschlichen Gemeinschaft, des Friedens und der Gerechtigkeit in der Welt.

(3) Die nachfolgenden Grundrechte binden Gesetzgebung, vollziehende Gewalt und Rechtsprechung als unmittelbar geltendes Recht.[2]

Artikel 2

(1) Jeder hat das Recht auf die freie Entfaltung seiner Persönlichkeit, soweit er nicht die Rechte anderer verletzt und nicht gegen die verfassungsmäßige Ordnung oder das Sittengesetz verstößt.

(2) Jeder hat das Recht auf Leben und körperliche Unversehrtheit. Die Freiheit der Person ist unverletzlich. In diese Rechte darf nur auf Grund eines Gesetzes eingegriffen werden.[3]

Artikel 3[4]

(1) Alle Menschen sind vor dem Gesetz gleich.

(2) Männer und Frauen sind gleichberechtigt. Der Staat fördert die tatsächliche Durchsetzung der Gleichberechtigung von Frauen und Männern und wirkt auf die Beseitigung bestehender Nachteile hin.

(3) Niemand darf wegen seines Geschlechtes, seiner Abstammung, seiner Rasse, seiner Sprache, seiner Heimat und Herkunft, seines Glaubens, seiner religiösen oder politischen Anschauungen benachteiligt oder bevorzugt werden. Niemand darf wegen seiner Behinderung benachteiligt werden.

2 Art. 1 Abs. 3 i.d.F. des Gesetzes vom 19. 3. 1956 (BGBl. I S. 111).
3 Über die Voraussetzungen einer Freiheitsentziehung vgl. Art. 104.
4 Absätze 2 und 3 i. d. F. des Änderungsgesetzes zu Nr. 36 (Einleitung).

Artikel 4

(1) Die Freiheit des Glaubens, des Gewissens und die Freiheit des religiösen und weltanschaulichen Bekenntnisses sind unverletzlich.

(2) Die ungestörte Religionsausübung wird gewährleistet.

(3) Niemand darf gegen sein Gewissen zum Kriegsdienst mit der Waffe gezwungen werden. Das Nähere regelt ein Bundesgesetz.[5]

Artikel 5

(1) Jeder hat das Recht, seine Meinung in Wort, Schrift und Bild frei zu äußern und zu verbreiten und sich aus allgemein zugänglichen Quellen ungehindert zu unterrichten. Die Pressefreiheit und die Freiheit der Berichterstattung durch Rundfunk und Film werden gewährleistet. Eine Zensur findet nicht statt.

(2) Diese Rechte finden ihre Schranken in den Vorschriften der allgemeinen Gesetze, den gesetzlichen Bestimmungen zum Schutze der Jugend und in dem Recht der persönlichen Ehre.

(3) Kunst und Wissenschaft, Forschung und Lehre sind frei. Die Freiheit der Lehre entbindet nicht von der Treue zur Verfassung.

Artikel 6

(1) Ehe und Familie stehen unter dem besonderen Schutze der staatlichen Ordnung.

(2) Pflege und Erziehung der Kinder sind das natürliche Recht der Eltern und die zuvörderst ihnen obliegende Pflicht. Über ihre Betätigung wacht die staatliche Gemeinschaft.

(3) Gegen den Willen der Erziehungsberechtigten dürfen Kinder nur auf Grund eines Gesetzes von der Familie

5 Vgl. Kriegsdienstverweigerungs-Neuordnungsgesetz vom 28. 2. 1983 (BGBl. I S. 203) und Zivildienstgesetz i.d.F. vom 28. 9. 1994 (BGBl. I S. 2811), mit späteren Änderungen.

getrennt werden, wenn die Erziehungsberechtigten versagen oder wenn die Kinder aus anderen Gründen zu verwahrlosen drohen.

(4) Jede Mutter hat Anspruch auf den Schutz und die Fürsorge der Gemeinschaft.

(5) Den unehelichen Kindern sind durch die Gesetzgebung die gleichen Bedingungen für ihre leibliche und seelische Entwicklung und ihre Stellung in der Gesellschaft zu schaffen wie den ehelichen Kindern.[6]

Artikel 7

(1) Das gesamte Schulwesen steht unter der Aufsicht des Staates.

(2) Die Erziehungsberechtigten haben das Recht, über die Teilnahme des Kindes am Religionsunterricht zu bestimmen.

(3) Der Religionsunterricht ist in den öffentlichen Schulen mit Ausnahme der bekenntnisfreien Schulen ordentliches Lehrfach. Unbeschadet des staatlichen Aufsichtsrechts wird der Religionsunterricht in Übereinstimmung mit den Grundsätzen der Religionsgemeinschaften erteilt. Kein Lehrer darf gegen seinen Willen verpflichtet werden, Religionsunterricht zu erteilen.

(4) Das Recht zur Errichtung von privaten Schulen wird gewährleistet. Private Schulen als Ersatz für öffentliche Schulen bedürfen der Genehmigung des Staates und unterstehen den Landesgesetzen. Die Genehmigung ist zu erteilen, wenn die privaten Schulen in ihren Lehrzielen und Einrichtungen sowie in der wissenschaftlichen Ausbildung ihrer Lehrkräfte nicht hinter den öffentlichen Schulen zurückstehen und eine Sonderung der Schüler nach den Besitzverhältnissen der Eltern nicht gefördert wird. Die Genehmigung ist zu versagen, wenn die wirtschaftliche und rechtliche Stellung der Lehrkräfte nicht genügend gesichert ist.

(5) Eine private Volksschule ist nur zuzulassen, wenn die

6 Vgl. Gesetz über die rechtliche Stellung der nichtehelichen Kinder vom 19. 8. 1969 (BGBl. I S. 1243).

Unterrichtsverwaltung ein besonderes pädagogisches Interesse anerkennt oder, auf Antrag von Erziehungsberechtigten, wenn sie als Gemeinschaftsschule, als Bekenntnis- oder Weltanschauungsschule errichtet werden soll und eine öffentliche Volksschule dieser Art in der Gemeinde nicht besteht.

(6) Vorschulen bleiben aufgehoben.

Artikel 8

(1) Alle Deutschen haben das Recht, sich ohne Anmeldung oder Erlaubnis friedlich und ohne Waffen zu versammeln.

(2) Für Versammlungen unter freiem Himmel kann dieses Recht durch Gesetz oder auf Grund eines Gesetzes beschränkt werden.[7]

Artikel 9

(1) Alle Deutschen haben das Recht, Vereine und Gesellschaften zu bilden.[8]

(2) Vereinigungen, deren Zwecke oder deren Tätigkeit den Strafgesetzen zuwiderlaufen oder die sich gegen die verfassungsmäßige Ordnung oder gegen den Gedanken der Völkerverständigung richten, sind verboten.

(3) Das Recht, zur Wahrung und Förderung der Arbeits- und Wirtschaftsbedingungen Vereinigungen zu bilden, ist für jedermann und für alle Berufe gewährleistet. Abreden, die dieses Recht einschränken oder zu behindern suchen, sind nichtig, hierauf gerichtete Maßnahmen sind rechtswidrig. Maßnahmen nach den Artikeln 12a, 35 Abs. 2 und 3, Artikel 87a Abs. 4 und Artikel 91 dürfen sich nicht gegen Arbeitskämpfe richten, die zur Wahrung und Förderung der Arbeits- und Wirtschaftsbedingungen von Vereinigungen im Sinne des Satzes 1 geführt werden.[9]

7 Vgl. Versammlungsgesetz i.d.F. vom 15. 11. 1978 (BGBl. I S. 1789) mit späteren Änderungen.

8 Vgl. Vereinsgesetz vom 5. 8. 1964 (BGBl. I S. 593) mit späteren Änderungen.

9 Absatz 3 ergänzt durch 17. Gesetz zur Ergänzung des Grundgesetzes.

Artikel 10[10]

(1) Das Briefgeheimnis sowie das Post- und Fernmeldegeheimnis sind unverletzlich.

(2) Beschränkungen dürfen nur auf Grund eines Gesetzes angeordnet werden. Dient die Beschränkung dem Schutze der freiheitlichen demokratischen Grundordnung oder des Bestandes oder der Sicherung des Bundes oder eines Landes, so kann das Gesetz bestimmen, daß sie dem Betroffenen nicht mitgeteilt wird und daß an die Stelle des Rechtsweges die Nachprüfung durch von der Volksvertretung bestellte Organe und Hilfsorgane tritt.[11]

Artikel 11

(1) Alle Deutschen genießen Freizügigkeit im ganzen Bundesgebiet.

(2) Dieses Recht darf nur durch Gesetz oder auf Grund eines Gesetzes und nur für die Fälle eingeschränkt werden, in denen eine ausreichende Lebensgrundlage nicht vorhanden ist und der Allgemeinheit daraus besondere Lasten entstehen würden oder in denen es zur Abwehr einer drohenden Gefahr für den Bestand oder die freiheitliche demokratische Grundordnung des Bundes oder eines Landes, zur Bekämpfung von Seuchengefahr, Naturkatastrophen oder besonders schweren Unglücksfällen, zum Schutze der Jugend vor Verwahrlosung oder um strafbaren Handlungen vorzubeugen, erforderlich ist.[12]

Artikel 12[13]

(1) Alle Deutschen haben das Recht, Beruf, Arbeitsplatz und Ausbildungsstätte frei zu wählen. Die Berufsausübung kann durch Gesetz oder auf Grund eines Gesetzes geregelt werden.

10 Neufassung durch 17. Gesetz zur Ergänzung des Grundgesetzes.
11 Vgl. Gesetz zur Beschränkung des Brief-, Post- und Fernmeldegeheimnisses vom 26. 6. 2001 (BGBl. I S. 1254) mit späteren Änderungen.
12 Absatz 2 geändert durch 17. Gesetz zur Ergänzung des Grundgesetzes.
13 Neufassung durch 17. Gesetz zur Ergänzung des Grundgesetzes.

(2) Niemand darf zu einer bestimmten Arbeit gezwungen werden, außer im Rahmen einer herkömmlichen allgemeinen, für alle gleichen öffentlichen Dienstleistungspflicht.

(3) Zwangsarbeit ist nur bei einer gerichtlich angeordneten Freiheitsentziehung zulässig.

Artikel 12a[14]

(1) Männer können vom vollendeten achtzehnten Lebensjahr an zum Dienst in den Streitkräften, im Bundesgrenzschutz oder in einem Zivilschutzverband verpflichtet werden.

(2) Wer aus Gewissensgründen den Kriegsdienst mit der Waffe verweigert, kann zu einem Ersatzdienst verpflichtet werden. Die Dauer des Ersatzdienstes darf die Dauer des Wehrdienstes nicht übersteigen. Das Nähere regelt ein Gesetz, das die Freiheit der Gewissensentscheidung nicht beeinträchtigen darf und auch eine Möglichkeit des Ersatzdienstes vorsehen muß, die in keinem Zusammenhang mit den Verbänden der Streitkräfte und des Bundesgrenzschutzes steht.[15]

(3) Wehrpflichtige, die nicht zu einem Dienst nach Absatz 1 oder 2 herangezogen sind, können im Verteidigungsfalle durch Gesetz oder auf Grund eines Gesetzes zu zivilen Dienstleistungen für Zwecke der Verteidigung einschließlich des Schutzes der Zivilbevölkerung in Arbeitsverhältnisse verpflichtet werden; Verpflichtungen in öffentlich-rechtliche Dienstverhältnisse sind nur zur Wahrnehmung polizeilicher Aufgaben oder solcher hoheitlichen Aufgaben der öffentlichen Verwaltung, die nur in einem öffentlich-rechtlichen Dienstverhältnis erfüllt werden können, zulässig. Arbeitsverhältnisse nach Satz 1 können bei den Streitkräften, im Bereich ihrer Versorgung sowie bei der öffentlichen Verwaltung begründet werden; Verpflichtungen in Arbeitsverhält-

14 Eingefügt durch 17. Gesetz zur Ergänzung des Grundgesetzes. Absatz 4 Satz 2 in der Fassung des Änderungsgesetzes zu Nr. 42 (Einleitung).

15 Vgl. Zivildienstgesetz (Anm. 5).

nisse im Bereiche der Versorgung der Zivilbevölkerung sind nur zulässig, um ihren lebensnotwendigen Bedarf zu decken oder ihren Schutz sicherzustellen.

(4) Kann im Verteidigungsfalle der Bedarf an zivilen Dienstleistungen im zivilen Sanitäts- und Heilwesen sowie in der ortsfesten militärischen Lazarettorganisation nicht auf freiwilliger Grundlage gedeckt werden, so können Frauen vom vollendeten achtzehnten bis zum vollendeten fünfundfünfzigsten Lebensjahr durch Gesetz oder auf Grund eines Gesetzes zu derartigen Dienstleistungen herangezogen werden. Sie dürfen auf keinen Fall zum Dienst mit der Waffe verpflichtet werden.

(5) Für die Zeit vor dem Verteidigungsfalle können Verpflichtungen nach Absatz 3 nur nach Maßgabe des Artikels 80 a Abs. 1 begründet werden. Zur Vorbereitung auf Dienstleistungen nach Absatz 3, für die besondere Kenntnisse oder Fertigkeiten erforderlich sind, kann durch Gesetz oder auf Grund eines Gesetzes die Teilnahme an Ausbildungsveranstaltungen zur Pflicht gemacht werden. Satz 1 findet insoweit keine Anwendung.

(6) Kann im Verteidigungsfalle der Bedarf an Arbeitskräften für die in Absatz 3 Satz 2 genannten Bereiche auf freiwilliger Grundlage nicht gedeckt werden, so kann zur Sicherung dieses Bedarfs die Freiheit der Deutschen, die Ausübung eines Berufs oder den Arbeitsplatz aufzugeben, durch Gesetz oder auf Grund eines Gesetzes eingeschränkt werden. Vor Eintritt des Verteidigungsfalles gilt Absatz 5 Satz 1 entsprechend.

Artikel 13[15a]

(1) Die Wohnung ist unverletzlich.

(2) Durchsuchungen dürfen nur durch den Richter, bei Gefahr im Verzug auch durch die in den Gesetzen vorgesehenen anderen Organe angeordnet und nur in der dort vorgeschriebenen Form durchgeführt werden.

15a In der Fassung des Änderungsgesetzes zu Nr. 39 (Einleitung).

(3) Begründen bestimmte Tatsachen den Verdacht, daß jemand eine durch Gesetz einzeln bestimmte besonders schwere Straftat begangen hat, so dürfen zur Verfolgung der Tat auf Grund richterlicher Anordnung technische Mittel zur akustischen Überwachung von Wohnungen, in denen der Beschuldigte sich vermutlich aufhält, eingesetzt werden, wenn die Erforschung des Sachverhalts auf andere Weise unverhältnismäßig erschwert oder aussichtslos wäre. Die Maßnahme ist zu befristen. Die Anordnung erfolgt durch einen mit drei Richtern besetzten Spruchkörper. Bei Gefahr im Verzuge kann sie auch durch einen einzelnen Richter getroffen werden.

(4) Zur Abwehr dringender Gefahren für die öffentliche Sicherheit, insbesondere einer gemeinen Gefahr oder einer Lebensgefahr, dürfen technische Mittel zur Überwachung von Wohnungen nur auf Grund richterlicher Anordnung eingesetzt werden. Bei Gefahr im Verzuge kann die Maßnahme auch durch eine andere gesetzlich bestimmte Stelle angeordnet werden; eine richterliche Entscheidung ist unverzüglich nachzuholen.

(5) Sind technische Mittel ausschließlich zum Schutze der bei einem Einsatz in Wohnungen tätigen Personen vorgesehen, kann die Maßnahme durch eine gesetzlich bestimmte Stelle angeordnet werden. Eine anderweitige Verwertung der hierbei erlangten Erkenntnisse ist nur zum Zwecke der Strafverfolgung oder der Gefahrenabwehr und nur zulässig, wenn zuvor die Rechtmäßigkeit der Maßnahme richterlich festgestellt ist; bei Gefahr im Verzuge ist die richterliche Entscheidung unverzüglich nachzuholen.

(6) Die Bundesregierung unterrichtet den Bundestag jährlich über den nach Absatz 3 sowie über den im Zuständigkeitsbereich des Bundes nach Absatz 4 und, soweit richterlich überprüfungsbedürftig, nach Absatz 5 erfolgten Einsatz technischer Mittel. Ein vom Bundestag gewähltes Gremium übt auf der Grundlage dieses Berichts die parlamentarische Kontrolle aus. Die Länder gewährleisten eine gleichwertige parlamentarische Kontrolle.

(7) Eingriffe und Beschränkungen dürfen im übrigen nur zur Abwehr einer gemeinen Gefahr oder einer Lebensgefahr für einzelne Personen, auf Grund eines Gesetzes auch zur Verhütung dringender Gefahren für die öffentliche Sicherheit und Ordnung, insbesondere zur Behebung der Raumnot, zur Bekämpfung von Seuchengefahr oder zum Schutze gefährdeter Jugendlicher vorgenommen werden.

Artikel 14

(1) Das Eigentum und das Erbrecht werden gewährleistet. Inhalt und Schranken werden durch die Gesetze bestimmt.

(2) Eigentum verpflichtet. Sein Gebrauch soll zugleich dem Wohle der Allgemeinheit dienen.

(3) Eine Enteignung ist nur zum Wohle der Allgemeinheit zulässig. Sie darf nur durch Gesetz oder auf Grund eines Gesetzes erfolgen, das Art und Ausmaß der Entschädigung regelt. Die Entschädigung ist unter gerechter Abwägung der Interessen der Allgemeinheit und der Beteiligten zu bestimmen. Wegen der Höhe der Entschädigung steht im Streitfalle der Rechtsweg vor den ordentlichen Gerichten offen.

Artikel 15

Grund und Boden, Naturschätze und Produktionsmittel können zum Zwecke der Vergesellschaftung durch ein Gesetz, das Art und Ausmaß der Entschädigung regelt, in Gemeineigentum oder in andere Formen der Gemeinwirtschaft überführt werden. Für die Entschädigung gilt Artikel 14 Abs. 3 Satz 3 und 4 entsprechend.

Artikel 16[15b]

(1) Die deutsche Staatsangehörigkeit darf nicht entzogen werden. Der Verlust der Staatsangehörigkeit darf nur auf Grund eines Gesetzes und gegen den Willen des Betroffenen

15b Absatz 2 Satz 2 eingefügt durch das Änderungsgesetz zu Nr. 41 (Einleitung).

nur dann eintreten, wenn der Betroffene dadurch nicht staatenlos wird.

(2) Kein Deutscher darf an das Ausland ausgeliefert werden. Durch Gesetz kann eine abweichende Regelung für Auslieferungen an einen Mitgliedstaat der Europäischen Union oder an einen internationalen Gerichtshof getroffen werden, soweit rechtsstaatliche Grundsätze gewahrt sind.

Artikel 16 a[16]

(1) Politisch Verfolgte genießen Asylrecht.

(2) Auf Absatz 1 kann sich nicht berufen, wer aus einem Mitgliedstaat der Europäischen Gemeinschaften oder aus einem anderen Drittstaat einreist, in dem die Anwendung des Abkommens über die Rechtsstellung der Flüchtlinge und der Konvention zum Schutze der Menschenrechte und Grundfreiheiten sichergestellt ist. Die Staaten außerhalb der Europäischen Gemeinschaften, auf die die Voraussetzungen des Satzes 1 zutreffen, werden durch Gesetz, das der Zustimmung des Bundesrates bedarf, bestimmt. In den Fällen des Satzes 1 können aufenthaltsbeendende Maßnahmen unabhängig von einem hiergegen eingelegten Rechtsbehelf vollzogen werden.

(3) Durch Gesetz, das der Zustimmung des Bundesrates bedarf, können Staaten bestimmt werden, bei denen auf Grund der Rechtslage, der Rechtsanwendung und der allgemeinen politischen Verhältnisse gewährleistet erscheint, daß dort weder politische Verfolgung noch unmenschliche oder erniedrigende Bestrafung oder Behandlung stattfindet. Es wird vermutet, daß ein Ausländer aus einem solchen Staat nicht verfolgt wird, solange er nicht Tatsachen vorträgt, die die Annahme begründen, daß er entgegen dieser Vermutung politisch verfolgt wird.

(4) Die Vollziehung aufenthaltsbeendender Maßnahmen

16 Eingefügt durch das Änderungsgesetz zu Nr. 33 (Einleitung). Vgl. hierzu auch das Asylverfahrensgesetz in der Neufassung vom 27. 7. 1993 (BGBl. I S. 1361) mit späteren Änderungen.

wird in den Fällen des Absatzes 3 und in anderen Fällen, die offensichtlich unbegründet sind oder als offensichtlich unbegründet gelten, durch das Gericht nur ausgesetzt, wenn ernstliche Zweifel an der Rechtmäßigkeit der Maßnahme bestehen; der Prüfungsumfang kann eingeschränkt werden und verspätetes Vorbringen unberücksichtigt bleiben. Das Nähere ist durch Gesetz zu bestimmen.

(5) Die Absätze 1 bis 4 stehen völkerrechtlichen Verträgen von Mitgliedstaaten der Europäischen Gemeinschaften untereinander und mit dritten Staaten nicht entgegen, die unter Beachtung der Verpflichtungen aus dem Abkommen über die Rechtsstellung der Flüchtlinge und der Konvention zum Schutze der Menschenrechte und Grundfreiheiten, deren Anwendung in den Vertragsstaaten sichergestellt sein muß, Zuständigkeitsregelungen für die Prüfung von Asylbegehren einschließlich der gegenseitigen Anerkennung von Asylentscheidungen treffen.

Artikel 17

Jedermann hat das Recht, sich einzeln oder in Gemeinschaft mit anderen schriftlich mit Bitten oder Beschwerden an die zuständigen Stellen und an die Volksvertretung zu wenden.

Artikel 17a[17]

(1) Gesetze über Wehrdienst und Ersatzdienst können bestimmen, daß für die Angehörigen der Streitkräfte und des Ersatzdienstes während der Zeit des Wehr- oder Ersatzdienstes das Grundrecht, seine Meinung in Wort, Schrift und Bild frei zu äußern und zu verbreiten (Artikel 5 Abs. 1 Satz 1 erster Halbsatz), das Grundrecht der Versammlungsfreiheit (Artikel 8) und das Petitionsrecht (Artikel 17), soweit es das Recht gewährt, Bitten oder Beschwerden in Gemeinschaft mit anderen vorzubringen, eingeschränkt werden.

17 Eingefügt durch Gesetz vom 19. 3. 1956 (BGBl. I S. 111).

(2) Gesetze, die der Verteidigung einschließlich des Schutzes der Zivilbevölkerung dienen, können bestimmen, daß die Grundrechte der Freizügigkeit (Artikel 11) und der Unverletzlichkeit der Wohnung (Artikel 13) eingeschränkt werden.

Artikel 18

Wer die Freiheit der Meinungsäußerung, insbesondere die Pressefreiheit (Artikel 5 Abs. 1), die Lehrfreiheit (Artikel 5 Abs. 3), die Versammlungsfreiheit (Artikel 8), die Vereinigungsfreiheit (Artikel 9), das Brief-, Post- und Fernmeldegeheimnis (Artikel 10), das Eigentum (Artikel 14) oder das Asylrecht (Artikel 16a) zum Kampfe gegen die freiheitliche demokratische Grundordnung mißbraucht, verwirkt diese Grundrechte. Die Verwirkung und ihr Ausmaß werden durch das Bundesverfassungsgericht ausgesprochen.

Artikel 19

(1) Soweit nach diesem Grundgesetz ein Grundrecht durch Gesetz oder auf Grund eines Gesetzes eingeschränkt werden kann, muß das Gesetz allgemein und nicht nur für den Einzelfall gelten. Außerdem muß das Gesetz das Grundrecht unter Angabe des Artikels nennen.

(2) In keinem Falle darf ein Grundrecht in seinem Wesensgehalt angetastet werden.

(3) Die Grundrechte gelten auch für inländische juristische Personen, soweit sie ihrem Wesen nach auf diese anwendbar sind.

(4) Wird jemand durch die öffentliche Gewalt in seinen Rechten verletzt, so steht ihm der Rechtsweg offen. Soweit eine andere Zuständigkeit nicht begründet ist, ist der ordentliche Rechtsweg gegeben. Artikel 10 Abs. 2 Satz 2 bleibt unberührt.[18]

18 Satz 3 hinzugefügt durch 17. Gesetz zur Ergänzung des Grundgesetzes.

II. DER BUND UND DIE LÄNDER

Artikel 20

(1) Die Bundesrepublik Deutschland ist ein demokratischer und sozialer Bundesstaat.

(2) Alle Staatsgewalt geht vom Volke aus. Sie wird vom Volke in Wahlen und Abstimmungen und durch besondere Organe der Gesetzgebung, der vollziehenden Gewalt und der Rechtsprechung ausgeübt.

(3) Die Gesetzgebung ist an die verfassungsmäßige Ordnung, die vollziehende Gewalt und die Rechtsprechung sind an Gesetz und Recht gebunden.

(4) Gegen jeden, der es unternimmt, diese Ordnung zu beseitigen, haben alle Deutschen das Recht zum Widerstand, wenn andere Abhilfe nicht möglich ist.[19]

Artikel 20 a[20]

Der Staat schützt auch in Verantwortung für die künftigen Generationen die natürlichen Lebensgrundlagen und die Tiere im Rahmen der verfassungsmäßigen Ordnung durch die Gesetzgebung und nach Maßgabe von Gesetz und Recht durch die vollziehende Gewalt und die Rechtsprechung.

Artikel 21

(1) Die Parteien wirken bei der politischen Willensbildung des Volkes mit. Ihre Gründung ist frei. Ihre innere Ordnung muß demokratischen Grundsätzen entsprechen. Sie müssen über die Herkunft und Verwendung ihrer Mittel sowie über ihr Vermögen öffentlich Rechenschaft geben.[21]

(2) Parteien, die nach ihren Zielen oder nach dem Verhalten ihrer Anhänger darauf ausgehen, die freiheitliche demokratische Grundordnung zu beeinträchtigen oder zu beseitigen oder den Bestand der Bundesrepublik Deutschland zu gefähr-

19 Ergänzt durch 17. Gesetz zur Ergänzung des Grundgesetzes.

20 Eingefügt durch das Änderungsgesetz zu Nr. 36 (Einleitung); ergänzt durch Änderungsgesetz zu Nr. 44.

21 Satz 4 geändert durch 35. Gesetz zur Änderung des Grundgesetzes.

den, sind verfassungswidrig. Über die Frage der Verfassungswidrigkeit entscheidet das Bundesverfassungsgericht.

(3) Das Nähere regeln Bundesgesetze.[22]

Artikel 22

Die Bundesflagge ist schwarz-rot-gold.

Artikel 23[23]

(1) Zur Verwirklichung eines vereinten Europas wirkt die Bundesrepublik Deutschland bei der Entwicklung der Europäischen Union mit, die demokratischen, rechtsstaatlichen, sozialen und föderativen Grundsätzen und dem Grundsatz der Subsidiarität verpflichtet ist und einen diesem Grundgesetz im wesentlichen vergleichbaren Grundrechtsschutz gewährleistet. Der Bund kann hierzu durch Gesetz mit Zustimmung des Bundesrates Hoheitsrechte übertragen. Für die Begründung der Europäischen Union sowie für Änderungen ihrer vertraglichen Grundlagen und vergleichbare Regelungen, durch die dieses Grundgesetz seinem Inhalt nach geändert oder ergänzt wird oder solche Änderungen oder Ergänzungen ermöglicht werden, gilt Artikel 79 Abs. 2 und 3.

(2) In Angelegenheiten der Europäischen Union wirken der Bundestag und durch den Bundesrat die Länder mit. Die Bundesregierung hat den Bundestag und den Bundesrat umfassend und zum frühestmöglichen Zeitpunkt zu unterrichten.

(3) Die Bundesregierung gibt dem Bundestag Gelegenheit zur Stellungnahme vor ihrer Mitwirkung an Rechtsetzungsakten der Europäischen Union. Die Bundesregierung berücksichtigt die Stellungnahmen des Bundestages bei den Verhandlungen. Das Nähere regelt ein Gesetz.[23a]

22 Vgl. Parteiengesetz i.d.F. vom 31. 1. 1994 (BGBl. I S. 149) mit späteren Änderungen, insbesondere Achtes Änderungsgesetz vom 28. 6. 2002 (BGBl. I S. 2268).

23 In dieser Fassung eingefügt durch das Änderungsgesetz zu Nr. 32 (Einleitung). Siehe dazu den Vertrag über die Europäische Union vom 7. 2. 1992 in der Fassung des am 1. 5. 1999 in Kraft getretenen Vertrags von Amsterdam vom 2. 10. 1997.

23a Gesetz über die Zusammenarbeit von Bundesregierung und Deutschem Bundestag in Angelegenheiten der Europäischen Union vom 12. 3. 1993 (BGBl. I S. 311).

(4) Der Bundesrat ist an der Willensbildung des Bundes zu beteiligen, soweit er an einer entsprechenden innerstaatlichen Maßnahme mitzuwirken hätte oder soweit die Länder innerstaatlich zuständig wären.

(5) Soweit in einem Bereich ausschließlicher Zuständigkeiten des Bundes Interessen der Länder berührt sind oder soweit im übrigen der Bund das Recht zur Gesetzgebung hat, berücksichtigt die Bundesregierung die Stellungnahme des Bundesrates. Wenn im Schwerpunkt Gesetzgebungsbefugnisse der Länder, die Einrichtung ihrer Behörden oder ihre Verwaltungsverfahren betroffen sind, ist bei der Willensbildung des Bundes insoweit die Auffassung des Bundesrates maßgeblich zu berücksichtigen; dabei ist die gesamtstaatliche Verantwortung des Bundes zu wahren. In Angelegenheiten, die zu Ausgabenerhöhungen oder Einnahmeminderungen für den Bund führen können, ist die Zustimmung der Bundesregierung erforderlich.

(6) Wenn im Schwerpunkt ausschließliche Gesetzgebungsbefugnisse der Länder betroffen sind, soll die Wahrnehmung der Rechte, die der Bundesrepublik Deutschland als Mitgliedstaat der Europäischen Union zustehen, vom Bund auf einen vom Bundesrat benannten Vertreter der Länder übertragen werden. Die Wahrnehmung der Rechte erfolgt unter Beteiligung und in Abstimmung mit der Bundesregierung; dabei ist die gesamtstaatliche Verantwortung des Bundes zu wahren.

(7) Das Nähere zu den Absätzen 4 bis 6 regelt ein Gesetz, das der Zustimmung des Bundesrates bedarf.[23b]

Artikel 24[24]

(1) Der Bund kann durch Gesetz Hoheitsrechte auf zwischenstaatliche Einrichtungen übertragen.

(1 a) Soweit die Länder für die Ausübung der staatlichen Befugnisse und die Erfüllung der staatlichen Aufgaben

23 b Gesetz über die Zusammenarbeit von Bund und Ländern in Angelegenheiten der Europäischen Union vom 12.3.1993 (BGBl. I S. 313).

24 Absatz 1a eingefügt durch das Änderungsgesetz zu Nr. 32 (Einleitung).

zuständig sind, können sie mit Zustimmung der Bundesregierung Hoheitsrechte auf grenznachbarschaftliche Einrichtungen übertragen.

(2) Der Bund kann sich zur Wahrung des Friedens einem System gegenseitiger kollektiver Sicherheit einordnen; er wird hierbei in die Beschränkungen seiner Hoheitsrechte einwilligen, die eine friedliche und dauerhafte Ordnung in Europa und zwischen den Völkern der Welt herbeiführen und sichern.

(3) Zur Regelung zwischenstaatlicher Streitigkeiten wird der Bund Vereinbarungen über eine allgemeine, umfassende, obligatorische, internationale Schiedsgerichtsbarkeit beitreten.

Artikel 25

Die allgemeinen Regeln des Völkerrechtes sind Bestandteil des Bundesrechtes. Sie gehen den Gesetzen vor und erzeugen Rechte und Pflichten unmittelbar für die Bewohner des Bundesgebietes.

Artikel 26

(1) Handlungen, die geeignet sind und in der Absicht vorgenommen werden, das friedliche Zusammenleben der Völker zu stören, insbesondere die Führung eines Angriffskrieges vorzubereiten, sind verfassungswidrig. Sie sind unter Strafe zu stellen.

(2) Zur Kriegführung bestimmte Waffen dürfen nur mit Genehmigung der Bundesregierung hergestellt, befördert und in Verkehr gebracht werden. Das Nähere regelt ein Bundesgesetz.[25]

Artikel 27

Alle deutschen Kauffahrteischiffe bilden eine einheitliche Handelsflotte.

25 Vgl. Gesetz über die Kontrolle von Kriegswaffen vom 22. 11. 1990 (BGBl. I S. 2506) mit späteren Änderungen.

Artikel 28[26]

(1) Die verfassungsgemäße Ordnung in den Ländern muß den Grundsätzen des republikanischen, demokratischen und sozialen Rechtsstaates im Sinne dieses Grundgesetzes entsprechen. In den Ländern, Kreisen und Gemeinden muß das Volk eine Vertretung haben, die aus allgemeinen, unmittelbaren, freien, gleichen und geheimen Wahlen hervorgegangen ist. Bei Wahlen in Kreisen und Gemeinden sind auch Personen, die die Staatsangehörigkeit eines Mitgliedstaates der Europäischen Gemeinschaft besitzen, nach Maßgabe von Recht der Europäischen Gemeinschaft wahlberechtigt und wählbar. In Gemeinden kann an die Stelle einer gewählten Körperschaft die Gemeindeversammlung treten.

(2) Den Gemeinden muß das Recht gewährleistet sein, alle Angelegenheiten der örtlichen Gemeinschaft im Rahmen der Gesetze in eigener Verantwortung zu regeln. Auch die Gemeindeverbände haben im Rahmen ihres gesetzlichen Aufgabenbereiches nach Maßgabe der Gesetze das Recht der Selbstverwaltung. Die Gewährleistung der Selbstverwaltung umfaßt auch die Grundlagen der finanziellen Eigenverantwortung; zu diesen Grundlagen gehört eine den Gemeinden mit Hebesatzrecht zustehende wirtschaftskraftbezogene Steuerquelle.

(3) Der Bund gewährleistet, daß die verfassungsmäßige Ordnung der Länder den Grundrechten und den Bestimmungen der Absätze 1 und 2 entspricht.

Artikel 29[27]

(1) Das Bundesgebiet kann neu gegliedert werden, um zu gewährleisten, daß die Länder nach Größe und Leistungsfähigkeit die ihnen obliegenden Aufgaben wirksam erfüllen

26 Absatz 1 ergänzt durch das Änderungsgesetz zu Nr. 32 (Einleitung); Absatz 2 Satz 3 angefügt durch das Änderungsgesetz zu Nr. 36 (Einleitung); ergänzt durch das Änderungsgesetz zu Nr. 38 (Einleitung).

27 Neufassung durch 33. Gesetz zur Änderung des Grundgesetzes. Absatz 7 Satz 1 geeändert, Absatz 8 eingefügt durch das Änderungsgesetz zu Nr. 36 (Einleitung).

können. Dabei sind die landsmannschaftliche Verbundenheit, die geschichtlichen und kulturellen Zusammenhänge, die wirtschaftliche Zweckmäßigkeit sowie die Erfordernisse der Raumordnung und der Landesplanung zu berücksichtigen.

(2) Maßnahmen zur Neugliederung des Bundesgebietes ergehen durch Bundesgesetz, das der Bestätigung durch Volksentscheid bedarf. Die betroffenen Länder sind zu hören.

(3) Der Volksentscheid findet in den Ländern statt, aus deren Gebieten oder Gebietsteilen ein neues oder neu umgrenztes Land gebildet werden soll (betroffene Länder). Abzustimmen ist über die Frage, ob die betroffenen Länder wie bisher bestehenbleiben sollen oder ob das neue oder neu umgrenzte Land gebildet werden soll. Der Volksentscheid für die Bildung eines neuen oder neu umgrenzten Landes kommt zustande, wenn in dessen künftigem Gebiet und insgesamt in den Gebieten oder Gebietsteilen eines betroffenen Landes, deren Landeszugehörigkeit im gleichen Sinne geändert werden soll, jeweils eine Mehrheit der Änderung zustimmt. Er kommt nicht zustande, wenn im Gebiet eines der betroffenen Länder eine Mehrheit die Änderung ablehnt; die Ablehnung ist jedoch unbeachtlich, wenn in einem Gebietsteil, dessen Zugehörigkeit zu dem betroffenen Land geändert werden soll, eine Mehrheit von zwei Dritteln der Änderung zustimmt, es sei denn, daß im Gesamtgebiet des betroffenen Landes eine Mehrheit von zwei Dritteln die Änderung ablehnt.

(4) Wird in einem zusammenhängenden, abgegrenzten Siedlungs- und Wirtschaftsraum, dessen Teile in mehreren Ländern liegen und der mindestens eine Million Einwohner hat, von einem Zehntel der in ihm zum Bundestag Wahlberechtigten durch Volksbegehren gefordert, daß für diesen Raum eine einheitliche Landeszugehörigkeit herbeigeführt werde, so ist durch Bundesgesetz innerhalb von zwei Jahren entweder zu bestimmen, ob die Landeszugehörigkeit gemäß Absatz 2 geändert wird, oder daß in den betroffenen Ländern eine Volksbefragung stattfindet.

(5) Die Volksbefragung ist darauf gerichtet, festzustellen,

ob eine in dem Gesetz vorzuschlagende Änderung der Landeszugehörigkeit Zustimmung findet. Das Gesetz kann verschiedene, jedoch nicht mehr als zwei Vorschläge der Volksbefragung vorlegen. Stimmt eine Mehrheit einer vorgeschlagenen Änderung der Landeszugehörigkeit zu, so ist durch Bundesgesetz innerhalb von zwei Jahren zu bestimmen, ob die Landeszugehörigkeit gemäß Absatz 2 geändert wird. Findet ein der Volksbefragung vorgelegter Vorschlag eine den Maßgaben des Absatzes 3 Satz 3 und 4 entsprechende Zustimmung, so ist innerhalb von zwei Jahren nach der Durchführung der Volksbefragung ein Bundesgesetz zur Bildung des vorgeschlagenen Landes zu erlassen, das der Bestätigung durch Volksentscheid nicht mehr bedarf.

(6) Mehrheit im Volksentscheid und in der Volksbefragung ist die Mehrheit der abgegebenen Stimmen, wenn sie mindestens ein Viertel der zum Bundestag Wahlberechtigten umfaßt. Im übrigen wird das Nähere über Volksentscheid, Volksbegehren und Volksbefragung durch ein Bundesgesetz geregelt; dieses kann auch vorsehen, daß Volksbegehren innerhalb eines Zeitraumes von fünf Jahren nicht wiederholt werden können.[28]

(7) Sonstige Änderungen des Gebietsbestandes der Länder können durch Staatsverträge der beteiligten Länder oder durch Bundesgesetz mit Zustimmung des Bundesrates erfolgen, wenn das Gebiet, dessen Landeszugehörigkeit geändert werden soll, nicht mehr als 50 000 Einwohner hat. Das Nähere regelt ein Bundesgesetz, das der Zustimmung des Bundesrates und der Mehrheit der Mitglieder des Bundestages bedarf. Es muß die Anhörung der betroffenen Gemeinden und Kreise vorsehen.[29]

(8) Die Länder können eine Neugliederung für das jeweils

28 Vgl. Gesetz über das Verfahren bei Volksentscheid, Volksbegehren und Volksbefragung nach Art. 29 Abs. 6 des Grundgesetzes vom 30. 7. 1979 (BGBl. I S. 1317).

29 Vgl. Gesetz über das Verfahren bei sonstigen Änderungen des Gebietsbestandes der Länder nach Art. 29 Abs. 7 des Grundgesetzes vom 30. 7. 1979 (BGBl. I S. 1325).

von ihnen umfaßte Gebiet oder für Teilgebiete abweichend von den Vorschriften der Absätze 2 bis 7 durch Staatsvertrag regeln. Die betroffenen Gemeinden und Kreise sind zu hören. Der Staatsvertrag bedarf der Bestätigung durch Volksentscheid in jedem beteiligten Land. Betrifft der Staatsvertrag Teilgebiete der Länder, kann die Bestätigung auf Volksentscheide in diesen Teilgebieten beschränkt werden; Satz 5 zweiter Halbsatz findet keine Anwendung. Bei einem Volksentscheid entscheidet die Mehrheit der abgegebenen Stimmen, wenn sie mindestens ein Viertel der zum Bundestag Wahlberechtigten umfaßt; das Nähere regelt ein Bundesgesetz. Der Staatsvertrag bedarf der Zustimmung des Bundestages.

Artikel 30

Die Ausübung der staatlichen Befugnisse und die Erfüllung der staatlichen Aufgaben ist Sache der Länder, soweit dieses Grundgesetz keine andere Regelung trifft oder zuläßt.

Artikel 31

Bundesrecht bricht Landesrecht.

Artikel 32

(1) Die Pflege der Beziehungen zu auswärtigen Staaten ist Sache des Bundes.

(2) Vor dem Abschlusse eines Vertrages, der die besonderen Verhältnisse eines Landes berührt, ist das Land rechtzeitig zu hören.

(3) Soweit die Länder für die Gesetzgebung zuständig sind, können sie mit Zustimmung der Bundesregierung mit auswärtigen Staaten Verträge abschließen.

Artikel 33

(1) Jeder Deutsche hat in jedem Lande die gleichen staatsbürgerlichen Rechte und Pflichten.

(2) Jeder Deutsche hat nach seiner Eignung, Befähigung und fachlichen Leistung gleichen Zugang zu jedem öffentlichen Amte.

(3) Der Genuß bürgerlicher und staatsbürgerlicher Rechte, die Zulassung zu öffentlichen Ämtern sowie die im öffentlichen Dienste erworbenen Rechte sind unabhängig von dem religiösen Bekenntnis. Niemandem darf aus seiner Zugehörigkeit oder Nichtzugehörigkeit zu einem Bekenntnis oder einer Weltanschauung ein Nachteil erwachsen.

(4) Die Ausübung hoheitsrechtlicher Befugnisse ist als ständige Aufgabe in der Regel Angehörigen des öffentlichen Dienstes zu übertragen, die in einem öffentlich-rechtlichen Dienst- und Treueverhältnis stehen.

(5) Das Recht des öffentlichen Dienstes ist unter Berücksichtigung der hergebrachten Grundsätze des Berufsbeamtentums zu regeln.

Artikel 34

Verletzt jemand in Ausübung eines ihm anvertrauten öffentlichen Amtes die ihm einem Dritten gegenüber obliegende Amtspflicht, so trifft die Verantwortlichkeit grundsätzlich den Staat oder die Körperschaft, in deren Dienst er steht. Bei Vorsatz oder grober Fahrlässigkeit bleibt der Rückgriff vorbehalten. Für den Anspruch auf Schadensersatz und für den Rückgriff darf der ordentliche Rechtsweg nicht ausgeschlossen werden.

Artikel 35[30]

(1) Alle Behörden des Bundes und der Länder leisten sich gegenseitig Rechts- und Amtshilfe.

(2) Zur Aufrechterhaltung oder Wiederherstellung der öffentlichen Sicherheit oder Ordnung kann ein Land in Fällen von besonderer Bedeutung Kräfte und Einrichtungen des Bundesgrenzschutzes zur Unterstützung seiner Polizei anfordern, wenn die Polizei ohne diese Unterstützung eine Aufgabe nicht oder nur unter erheblichen Schwierigkeiten erfüllen könnte. Zur Hilfe bei einer Naturkatastrophe oder

30 Absätze 2 und 3 eingefügt durch 17. Gesetz zur Ergänzung des Grundgesetzes. Absatz 2 sodann geändert durch 31. Gesetz zur Änderung des Grundgesetzes.

bei einem besonders schweren Unglücksfall kann ein Land Polizeikräfte anderer Länder, Kräfte und Einrichtungen anderer Verwaltungen sowie des Bundesgrenzschutzes und der Streitkräfte anfordern.

(3) Gefährdet die Naturkatastrophe oder der Unglücksfall das Gebiet mehr als eines Landes, so kann die Bundesregierung, soweit es zur wirksamen Bekämpfung erforderlich ist, den Landesregierungen die Weisung erteilen, Polizeikräfte anderen Ländern zur Verfügung zu stellen, sowie Einheiten des Bundesgrenzschutzes und der Streitkräfte zur Unterstützung der Polizeikräfte einsetzen. Maßnahmen der Bundesregierung nach Satz 1 sind jederzeit auf Verlangen des Bundesrates, im übrigen unverzüglich nach Beseitigung der Gefahr aufzuheben.

Artikel 36

(1) Bei den obersten Bundesbehörden sind Beamte aus allen Ländern in angemessenem Verhältnis zu verwenden. Die bei den übrigen Bundesbehörden beschäftigten Personen sollen in der Regel aus dem Lande genommen werden, in dem sie tätig sind.

(2) Die Wehrgesetze haben auch die Gliederung des Bundes in Länder und ihre besonderen landsmannschaftlichen Verhältnisse zu berücksichtigen.[31]

Artikel 37

(1) Wenn ein Land die ihm nach dem Grundgesetz oder einem anderen Bundesgesetze obliegenden Bundespflichten nicht erfüllt, kann die Bundesregierung mit Zustimmung des Bundesrates die notwendigen Maßnahmen treffen, um das Land im Wege des Bundeszwanges zur Erfüllung seiner Pflichten anzuhalten.

(2) Zur Durchführung des Bundeszwanges hat die Bundesregierung oder ihr Beauftragter das Weisungsrecht gegenüber allen Ländern und ihren Behörden.

31 Absatz 2 eingefügt durch Gesetz vom 19. 3. 1956 (BGBl. I S. 111).

III. DER BUNDESTAG

Artikel 38

(1) Die Abgeordneten des Deutschen Bundestages werden in allgemeiner, unmittelbarer, freier, gleicher und geheimer Wahl gewählt. Sie sind Vertreter des ganzen Volkes, an Aufträge und Weisungen nicht gebunden und nur ihrem Gewissen unterworfen.

(2) Wahlberechtigt ist, wer das achtzehnte Lebensjahr vollendet hat; wählbar ist, wer das Alter erreicht hat, in dem die Volljährigkeit eintritt.[32]

(3) Das Nähere bestimmt ein Bundesgesetz.[33]

Artikel 39[34]

(1) Der Bundestag wird vorbehaltlich der nachfolgenden Bestimmungen auf vier Jahre gewählt. Seine Wahlperiode endet mit dem Zusammentritt eines neuen Bundestages. Die Neuwahl findet frühestens sechsundvierzig, spätestens achtundvierzig Monate nach Beginn der Wahlperiode statt. Im Falle einer Auflösung des Bundestages findet die Neuwahl innerhalb von sechzig Tagen statt.

(2) Der Bundestag tritt spätestens am dreißigsten Tage nach der Wahl zusammen.

(3) Der Bundestag bestimmt den Schluß und den Wiederbeginn seiner Sitzungen. Der Präsident des Bundestages kann ihn früher einberufen. Er ist hierzu verpflichtet, wenn ein Drittel der Mitglieder, der Bundespräsident oder der Bundeskanzler es verlangen.

32 Absatz 2 geändert durch 27. Gesetz zur Änderung des Grundgesetzes.
33 Vgl. Bundeswahlgesetz i.d.F. vom 23. 7. 1993 (BGBl. I S. 1288/1594) mit späteren Änderungen.
34 Neufassung der Absätze 1 und 2 durch 33. Gesetz zur Änderung des Grundgesetzes; Änderung des Absatzes 1 durch das Änderungsgesetz zu Nr. 40 (Einleitung).

Artikel 40

(1) Der Bundestag wählt seinen Präsidenten, dessen Stellvertreter und die Schriftführer. Er gibt sich eine Geschäftsordnung.[35]

(2) Der Präsident übt das Hausrecht und die Polizeigewalt im Gebäude des Bundestages aus. Ohne seine Genehmigung darf in den Räumen des Bundestages keine Durchsuchung oder Beschlagnahme stattfinden.

Artikel 41

(1) Die Wahlprüfung ist Sache des Bundestages. Er entscheidet auch, ob ein Abgeordneter des Bundestages die Mitgliedschaft verloren hat.

(2) Gegen dic Entscheidung des Bundestages ist die Beschwerde an das Bundesverfassungsgericht zulässig.

(3) Das Nähere regelt ein Bundesgesetz.[36]

Artikel 42

(1) Der Bundestag verhandelt öffentlich. Auf Antrag eines Zehntels seiner Mitglieder oder auf Antrag der Bundesregierung kann mit Zweidrittelmehrheit die Öffentlichkeit ausgeschlossen werden. Über den Antrag wird in nichtöffentlicher Sitzung entschieden.

(2) Zu einem Beschlusse des Bundestages ist die Mehrheit der abgegebenen Stimmen erforderlich, soweit dieses Grundgesetz nichts anderes bestimmt. Für die vom Bundestage vorzunehmenden Wahlen kann die Geschäftsordnung Ausnahmen zulassen.

(3) Wahrheitsgetreue Berichte über die öffentlichen Sitzungen des Bundestages und seiner Ausschüsse bleiben von jeder Verantwortlichkeit frei.

35 GOBT i.d.F. vom 2. 7. 1980 (BGBl. I S. 1237) mit späteren Änderungen.

36 Vgl. Wahlprüfungsgesetz vom 12. 3. 1951 (BGBl. I S. 166) mit späteren Änderungen.

Artikel 43

(1) Der Bundestag und seine Ausschüsse können die Anwesenheit jedes Mitgliedes der Bundesregierung verlangen.

(2) Die Mitglieder des Bundesrates und der Bundesregierung sowie ihre Beauftragten haben zu allen Sitzungen des Bundestages und seiner Ausschüsse Zutritt. Sie müssen jederzeit gehört werden.

Artikel 44[36a]

(1) Der Bundestag hat das Recht und auf Antrag eines Viertels seiner Mitglieder die Pflicht, einen Untersuchungsausschuß einzusetzen, der in öffentlicher Verhandlung die erforderlichen Beweise erhebt. Die Öffentlichkeit kann ausgeschlossen werden.

(2) Auf Beweiserhebungen finden die Vorschriften über den Strafprozeß sinngemäß Anwendung. Das Brief-, Post- und Fernmeldegeheimnis bleibt unberührt.

(3) Gerichte und Verwaltungsbehörden sind zur Rechts- und Amtshilfe verpflichtet.

(4) Die Beschlüsse der Untersuchungsausschüsse sind der richterlichen Erörterung entzogen. In der Würdigung und Beurteilung des der Untersuchung zugrunde liegenden Sachverhaltes sind die Gerichte frei.

Artikel 45[37]

Der Bundestag bestellt einen Ausschuß für die Angelegenheiten der Europäischen Union. Er kann ihn ermächtigen, die Rechte des Bundestages gemäß Artikel 23 gegenüber der Bundesregierung wahrzunehmen.

Artikel 45 a[38]

(1) Der Bundestag bestellt einen Ausschuß für auswärtige Angelegenheiten und einen Ausschuß für Verteidigung.

36a Siehe dazu das Untersuchungsausschußgesetz vom 19. 6. 2001 (BGBl. I S. 1142).

37 In dieser Fassung eingefügt durch das Änderungsgesetz zu Nr. 32 (Einleitung).

38 Eingefügt durch Gesetz vom 19. 3. 1956 (BGBl. I S. 111). Absatz 1 geändert durch 33. Gesetz zur Änderung des Grundgesetzes.

(2) Der Ausschuß für Verteidigung hat auch die Rechte eines Untersuchungsausschusses. Auf Antrag eines Viertels seiner Mitglieder hat er die Pflicht, eine Angelegenheit zum Gegenstand seiner Untersuchung zu machen.

(3) Artikel 44 Abs. 1 findet auf dem Gebiet der Verteidigung keine Anwendung.

Artikel 45 b[39]

Zum Schutz der Grundrechte und als Hilfsorgan des Bundestages bei der Ausübung der parlamentarischen Kontrolle wird ein Wehrbeauftragter des Bundestages berufen. Das Nähere regelt ein Bundesgesetz.[40]

Artikel 45 c[41]

(1) Der Bundestag bestellt einen Petitionsausschuß, dem die Behandlung der nach Artikel 17 an den Bundestag gerichteten Bitten und Beschwerden obliegt.

(2) Die Befugnisse des Ausschusses zur Überprüfung von Beschwerden regelt ein Bundesgesetz.[42]

Artikel 46

(1) Ein Abgeordneter darf zu keiner Zeit wegen seiner Abstimmung oder wegen einer Äußerung, die er im Bundestage oder in einem seiner Ausschüsse getan hat, gerichtlich oder dienstlich verfolgt oder sonst außerhalb des Bundestages zur Verantwortung gezogen werden. Dies gilt nicht für verleumderische Beleidigungen.

(2) Wegen einer mit Strafe bedrohten Handlung darf ein Abgeordneter nur mit Genehmigung des Bundestages zur Verantwortung gezogen oder verhaftet werden, es sei denn,

39 Eingefügt durch Gesetz vom 19. 3. 1956 (BGBl. I S. 111).

40 Vgl. Gesetz über den Wehrbeauftragten des Bundestages i.d.F. vom 16. 6. 1982 (BGBl. I S. 677) mit späteren Änderungen.

41 Eingefügt durch 32. Gesetz zur Änderung des Grundgesetzes.

42 Vgl. Gesetz über die Befugnisse des Petitionsausschusses des Deutschen Bundestages (Gesetz nach Art. 45 c des Grundgesetzes) vom 19. 7. 1975 (BGBl. I S. 1921).

daß er bei Begehung der Tat oder im Laufe des folgenden Tages festgenommen wird.

(3) Die Genehmigung des Bundestages ist ferner bei jeder anderen Beschränkung der persönlichen Freiheit eines Abgeordneten oder zur Einleitung eines Verfahrens gegen einen Abgeordneten gemäß Artikel 18 erforderlich.

(4) Jedes Strafverfahren und jedes Verfahren gemäß Artikel 18 gegen einen Abgeordneten, jede Haft und jede sonstige Beschränkung seiner persönlichen Freiheit sind auf Verlangen des Bundestages auszusetzen.

Artikel 47

Die Abgeordneten sind berechtigt, über Personen, die ihnen in ihrer Eigenschaft als Abgeordnete oder denen sie in dieser Eigenschaft Tatsachen anvertraut haben, sowie über diese Tatsachen selbst das Zeugnis zu verweigern. Soweit dieses Zeugnisverweigerungsrecht reicht, ist die Beschlagnahme von Schriftstücken unzulässig.

Artikel 48

(1) Wer sich um einen Sitz im Bundestag bewirbt, hat Anspruch auf den zur Vorbereitung seiner Wahl erforderlichen Urlaub.

(2) Niemand darf gehindert werden, das Amt eines Abgeordneten zu übernehmen und auszuüben. Eine Kündigung oder Entlassung aus diesem Grunde ist unzulässig.

(3) Die Abgeordneten haben Anspruch auf eine angemessene, ihre Unabhängigkeit sichernde Entschädigung. Sie haben das Recht der freien Benutzung aller staatlichen Verkehrsmittel. Das Nähere regelt ein Bundesgesetz.[43]

Artikel 49[44]

43 Vgl. Gesetz über die Rechtsverhältnisse der Mitglieder des Deutschen Bundestages (Abgeordnetengesetz) i.d.F. vom 21. 2. 1996 (BGBl. I S. 326) mit späteren Änderungen.

44 Aufgehoben durch 33. Gesetz zur Änderung des Grundgesetzes.

IV. DER BUNDESRAT

Artikel 50[45]

Durch den Bundesrat wirken die Länder bei der Gesetzgebung und Verwaltung des Bundes und in Angelegenheiten der Europäischen Union mit.

Artikel 51[46]

(1) Der Bundesrat besteht aus Mitgliedern der Regierungen der Länder, die sie bestellen und abberufen. Sie können durch andere Mitglieder ihrer Regierungen vertreten werden.

(2) Jedes Land hat mindestens drei Stimmen, Länder mit mehr als zwei Millionen Einwohnern haben vier, Länder mit mehr als sechs Millionen Einwohnern fünf, Länder mit mehr als sieben Millionen Einwohnern sechs Stimmen.

(3) Jedes Land kann so viele Mitglieder entsenden, wie es Stimmen hat. Die Stimmen eines Landes können nur einheitlich und nur durch anwesende Mitglieder oder deren Vertreter abgegeben werden.

Artikel 52[47]

(1) Der Bundesrat wählt seinen Präsidenten auf ein Jahr.

(2) Der Präsident beruft den Bundesrat ein. Er hat ihn einzuberufen, wenn die Vertreter von mindestens zwei Ländern oder die Bundesregierung es verlangen.

(3) Der Bundesrat faßt seine Beschlüsse mit mindestens der Mehrheit seiner Stimmen. Er gibt sich eine Geschäftsordnung.[48] Er verhandelt öffentlich. Die Öffentlichkeit kann ausgeschlossen werden.

(3a) Für Angelegenheiten der Europäischen Union kann

45 Geändert durch das Änderungsgesetz zu Nr. 32 (Einleitung).
46 Art. 51 Abs. 2 wurde durch den EVertr. neu gefaßt.
47 Absatz 3a eingefügt durch das Änderungsgesetz zu Nr. 32 (Einleitung).
48 Vgl. GOBR i.d.F. vom 26. 11. 1993 (BGBl. I S. 2007) mit späteren Änderungen.

der Bundesrat eine Europakammer bilden, deren Beschlüsse als Beschlüsse des Bundesrates gelten; Artikel 51 Abs. 2 und 3 Satz 2 gilt entsprechend.

(4) Den Ausschüssen des Bundesrates können andere Mitglieder oder Beauftragte der Regierungen der Länder angehören.

Artikel 53

Die Mitglieder der Bundesregierung haben das Recht und auf Verlangen die Pflicht, an den Verhandlungen des Bundesrates und seiner Ausschüsse teilzunehmen. Sie müssen jederzeit gehört werden. Der Bundesrat ist von der Bundesregierung über die Führung der Geschäfte auf dem laufenden zu halten.

IVa. GEMEINSAMER AUSSCHUSS[49]

Artikel 53a

(1) Der Gemeinsame Ausschuß besteht zu zwei Dritteln aus Abgeordneten des Bundestages, zu einem Drittel aus Mitgliedern des Bundesrates. Die Abgeordneten werden vom Bundestage entsprechend dem Stärkeverhältnis der Fraktionen bestimmt; sie dürfen nicht der Bundesregierung angehören. Jedes Land wird durch ein von ihm bestelltes Mitglied des Bundesrates vertreten; diese Mitglieder sind nicht an Weisungen gebunden. Die Bildung des Gemeinsamen Ausschusses und sein Verfahren werden durch eine Geschäftsordnung geregelt, die vom Bundestage zu beschließen ist und der Zustimmung des Bundesrates bedarf.[50]

(2) Die Bundesregierung hat den Gemeinsamen Ausschuß über ihre Planungen für den Verteidigungsfall zu unterrichten. Die Rechte des Bundestages und seiner Ausschüsse nach Artikel 43 Abs. 1 bleiben unberührt.

49 Eingefügt durch 17. Gesetz zur Ergänzung des Grundgesetzes.
50 Vgl. GO vom 23. 7. 1969 (BGBl. I S. 1102) mit späteren Änderungen.

V. DER BUNDESPRÄSIDENT

Artikel 54

(1) Der Bundespräsident wird ohne Aussprache von der Bundesversammlung gewählt. Wählbar ist jeder Deutsche, der das Wahlrecht zum Bundestage besitzt und das vierzigste Lebensjahr vollendet hat.

(2) Das Amt des Bundespräsidenten dauert fünf Jahre. Anschließende Wiederwahl ist nur einmal zulässig.

(3) Die Bundesversammlung besteht aus den Mitgliedern des Bundestages und einer gleichen Anzahl von Mitgliedern, die von den Volksvertretungen der Länder nach den Grundsätzen der Verhältniswahl gewählt werden.

(4) Die Bundesversammlung tritt spätestens dreißig Tage vor Ablauf der Amtszeit des Bundespräsidenten, bei vorzeitiger Beendigung spätestens dreißig Tage nach diesem Zeitpunkt zusammen. Sie wird von dem Präsidenten des Bundestages einberufen.

(5) Nach Ablauf der Wahlperiode beginnt die Frist des Absatzes 4 Satz 1 mit dem ersten Zusammentritt des Bundestages.

(6) Gewählt ist, wer die Stimmen der Mehrheit der Mitglieder der Bundesversammlung erhält. Wird diese Mehrheit in zwei Wahlgängen von keinem Bewerber erreicht, so ist gewählt, wer in einem weiteren Wahlgang die meisten Stimmen auf sich vereinigt.

(7) Das Nähere regelt ein Bundesgesetz.[51]

Artikel 55

(1) Der Bundespräsident darf weder der Regierung noch einer gesetzgebenden Körperschaft des Bundes oder eines Landes angehören.

(2) Der Bundespräsident darf kein anderes besoldetes Amt, kein Gewerbe und keinen Beruf ausüben und weder

51 Vgl. Gesetz über die Wahl des Bundespräsidenten vom 25. 4. 1959 (BGBl. I S. 230) mit späterer Änderung.

der Leitung noch dem Aufsichtsrate eines auf Erwerb gerichteten Unternehmens angehören.

Artikel 56

Der Bundespräsident leistet bei seinem Amtsantritt vor den versammelten Mitgliedern des Bundestages und des Bundesrates folgenden Eid:

»Ich schwöre, daß ich meine Kraft dem Wohle des deutschen Volkes widmen, seinen Nutzen mehren, Schaden von ihm wenden, das Grundgesetz und die Gesetze des Bundes wahren und verteidigen, meine Pflichten gewissenhaft erfüllen und Gerechtigkeit gegen jedermann üben werde. So wahr mir Gott helfe.«

Der Eid kann auch ohne religiöse Beteuerung geleistet werden.

Artikel 57

Die Befugnisse des Bundespräsidenten werden im Falle seiner Verhinderung oder bei vorzeitiger Erledigung des Amtes durch den Präsidenten des Bundesrates wahrgenommen.

Artikel 58

Anordnungen und Verfügungen des Bundespräsidenten bedürfen zu ihrer Gültigkeit der Gegenzeichnung durch den Bundeskanzler oder durch den zuständigen Bundesminister. Dies gilt nicht für die Ernennung und Entlassung des Bundeskanzlers, die Auflösung des Bundestages gemäß Artikel 63 und das Ersuchen gemäß Artikel 69 Abs. 3.

Artikel 59

(1) Der Bundespräsident vertritt den Bund völkerrechtlich. Er schließt im Namen des Bundes die Verträge mit auswärtigen Staaten. Er beglaubigt und empfängt die Gesandten.

(2) Verträge, welche die politischen Beziehungen des Bundes regeln oder sich auf Gegenstände der Bundesgesetz-

gebung beziehen, bedürfen der Zustimmung oder der Mitwirkung der jeweils für die Bundesgesetzgebung zuständigen Körperschaften in der Form eines Bundesgesetzes. Für Verwaltungsabkommen gelten die Vorschriften über die Bundesverwaltung entsprechend.

Artikel 59 a[52]

Artikel 60

(1) Der Bundespräsident ernennt und entläßt die Bundesrichter, die Bundesbeamten, die Offiziere und Unteroffiziere, soweit gesetzlich nichts anderes bestimmt ist.[53]

(2) Er übt im Einzelfalle für den Bund das Begnadigungsrecht aus.

(3) Er kann diese Befugnisse auf andere Behörden übertragen.

(4) Die Absätze 2 bis 4 des Artikels 46 finden auf den Bundespräsidenten entsprechende Anwendung.

Artikel 61

(1) Der Bundestag oder der Bundesrat können den Bundespräsidenten wegen vorsätzlicher Verletzung des Grundgesetzes oder eines anderen Bundesgesetzes vor dem Bundesverfassungsgericht anklagen. Der Antrag auf Erhebung der Anklage muß von mindestens einem Viertel der Mitglieder des Bundestages oder einem Viertel der Stimmen des Bundesrates gestellt werden. Der Beschluß auf Erhebung der Anklage bedarf der Mehrheit von zwei Dritteln der Mitglieder des Bundestages oder von zwei Dritteln der Stimmen des Bundesrates. Die Anklage wird von einem Beauftragten der anklagenden Körperschaft vertreten.

(2) Stellt das Bundesverfassungsgericht fest, daß der Bundespräsident einer vorsätzlichen Verletzung des Grundgeset-

52 Eingefügt durch Gesetz vom 19. 3. 1956 (BGBl. I S. 111), wieder aufgehoben durch 17. Gesetz zur Ergänzung des Grundgesetzes.

53 Geändert durch Gesetz vom 19. 3. 1956 (BGBl. I S. 111).

zes oder eines anderen Bundesgesetzes schuldig ist, so kann es ihn des Amtes für verlustig erklären. Durch einstweilige Anordnung kann es nach der Erhebung der Anklage bestimmen, daß er an der Ausübung seines Amtes verhindert ist.

VI. DIE BUNDESREGIERUNG

Artikel 62

Die Bundesregierung besteht aus dem Bundeskanzler und aus den Bundesministern.[54]

Artikel 63

(1) Der Bundeskanzler wird auf Vorschlag des Bundespräsidenten vom Bundestage ohne Aussprache gewählt.

(2) Gewählt ist, wer die Stimmen der Mehrheit der Mitglieder des Bundestages auf sich vereinigt. Der Gewählte ist vom Bundespräsidenten zu ernennen.

(3) Wird der Vorgeschlagene nicht gewählt, so kann der Bundestag binnen vierzehn Tagen nach dem Wahlgange mit mehr als der Hälfte seiner Mitglieder einen Bundeskanzler wählen.

(4) Kommt eine Wahl innerhalb dieser Frist nicht zustande, so findet unverzüglich ein neuer Wahlgang statt, in dem gewählt ist, wer die meisten Stimmen erhält. Vereinigt der Gewählte die Stimmen der Mehrheit der Mitglieder des Bundestages auf sich, so muß der Bundespräsident ihn binnen sieben Tagen nach der Wahl ernennen. Erreicht der Gewählte diese Mehrheit nicht, so hat der Bundespräsident binnen sieben Tagen entweder ihn zu ernennen oder den Bundestag aufzulösen.

54 Vgl. auch Gesetz über die Rechtsverhältnisse der Parlamentarischen Staatssekretäre vom 24. 7. 1974 (BGBl. I S. 1538), geändert durch Gesetz vom 15. 1. 1999 (BGBl. I S. 10).

Artikel 64

(1) Die Bundesminister werden auf Vorschlag des Bundeskanzlers vom Bundespräsidenten ernannt und entlassen.

(2) Der Bundeskanzler und die Bundesminister leisten bei der Amtsübernahme vor dem Bundestage den in Artikel 56 vorgesehenen Eid.

Artikel 65

Der Bundeskanzler bestimmt die Richtlinien der Politik und trägt dafür die Verantwortung. Innerhalb dieser Richtlinien leitet jeder Bundesminister seinen Geschäftsbereich selbständig und unter eigener Verantwortung. Über Meinungsverschiedenheiten zwischen den Bundesministern entscheidet die Bundesregierung. Der Bundeskanzler leitet ihre Geschäfte nach einer von der Bundesregierung beschlossenen und vom Bundespräsidenten genehmigten Geschäftsordnung.[55]

Artikel 65 a[56]

Der Bundesminister für Verteidigung hat die Befehls- und Kommandogewalt über die Streitkräfte.

Artikel 66

Der Bundeskanzler und die Bundesminister dürfen kein anderes besoldetes Amt, kein Gewerbe und keinen Beruf ausüben und weder der Leitung noch ohne Zustimmung des Bundestages dem Aufsichtsrate eines auf Erwerb gerichteten Unternehmens angehören.[57]

55 Vgl. GOBReg. vom 11. 5. 1951 (GMBl. S. 137) mit späteren Änderungen.

56 Eingefügt durch Gesetz vom 19. 3. 1956 (BGBl. I S. 111). Absatz 2 gestrichen durch 17. Gesetz zur Ergänzung des Grundgesetzes.

57 Vgl. Bundesministergesetz i.d.F. vom 27. 7. 1971 (BGBl. I S. 1166) mit späteren Änderungen.

Artikel 67

(1) Der Bundestag kann dem Bundeskanzler das Mißtrauen nur dadurch aussprechen, daß er mit der Mehrheit seiner Mitglieder einen Nachfolger wählt und den Bundespräsidenten ersucht, den Bundeskanzler zu entlassen. Der Bundespräsident muß dem Ersuchen entsprechen und den Gewählten ernennen.

(2) Zwischen dem Antrage und der Wahl müssen achtundvierzig Stunden liegen.

Artikel 68

(1) Findet ein Antrag des Bundeskanzlers, ihm das Vertrauen auszusprechen, nicht die Zustimmung der Mehrheit der Mitglieder des Bundestages, so kann der Bundespräsident auf Vorschlag des Bundeskanzlers binnen einundzwanzig Tagen den Bundestag auflösen. Das Recht zur Auflösung erlischt, sobald der Bundestag mit der Mehrheit seiner Mitglieder einen anderen Bundeskanzler wählt.

(2) Zwischen dem Antrage und der Abstimmung müssen achtundvierzig Stunden liegen.

Artikel 69

(1) Der Bundeskanzler ernennt einen Bundesminister zu seinem Stellvertreter.

(2) Das Amt des Bundeskanzlers oder eines Bundesministers endet in jedem Falle mit dem Zusammentritt eines neuen Bundestages, das Amt eines Bundesministers auch mit jeder anderen Erledigung des Amtes des Bundeskanzlers.

(3) Auf Ersuchen des Bundespräsidenten ist der Bundeskanzler, auf Ersuchen des Bundeskanzlers oder des Bundespräsidenten ein Bundesminister verpflichtet, die Geschäfte bis zur Ernennung seines Nachfolgers weiterzuführen.

VII. DIE GESETZGEBUNG DES BUNDES

Artikel 70

(1) Die Länder haben das Recht der Gesetzgebung, soweit dieses Grundgesetz nicht dem Bunde Gesetzgebungsbefugnisse verleiht.

(2) Die Abgrenzung der Zuständigkeit zwischen Bund und Ländern bemißt sich nach den Vorschriften dieses Grundgesetzes über die ausschließliche und die konkurrierende Gesetzgebung.

Artikel 71

Im Bereiche der ausschließlichen Gesetzgebung des Bundes haben die Länder die Befugnis zur Gesetzgebung nur, wenn und soweit sie hierzu in einem Bundesgesetze ausdrücklich ermächtigt werden.

Artikel 72[58]

(1) Im Bereich der konkurrierenden Gesetzgebung haben die Länder die Befugnis zur Gesetzgebung, solange und soweit der Bund von seiner Gesetzgebungszuständigkeit nicht durch Gesetz Gebrauch gemacht hat.

(2) Der Bund hat in diesem Bereich das Gesetzgebungsrecht, wenn und soweit die Herstellung gleichwertiger Lebensverhältnisse im Bundesgebiet oder die Wahrung der Rechts- oder Wirtschaftseinheit im gesamtstaatlichen Interesse eine bundesgesetzliche Regelung erforderlich macht.

(3) Durch Bundesgesetz kann bestimmt werden, daß eine bundesgesetzliche Regelung, für die eine Erforderlichkeit im Sinne des Absatzes 2 nicht mehr besteht, durch Landesrecht ersetzt werden kann.

58 Neufassung durch Änderungsgesetz zu Nr. 36 (Einleitung).

Artikel 73

Der Bund hat die ausschließliche Gesetzgebung über:

1. die auswärtigen Angelegenheiten sowie die Verteidigung einschließlich des Schutzes der Zivilbevölkerung;[59]
2. die Staatsangehörigkeit im Bunde;
3. die Freizügigkeit, das Paßwesen, die Ein- und Auswanderung und die Auslieferung;
4. das Währungs-, Geld- und Münzwesen, Maße und Gewichte sowie die Zeitbestimmung;
5. die Einheit des Zoll- und Handelsgebietes, die Handels- und Schiffahrtsverträge, die Freizügigkeit des Warenverkehrs und den Waren- und Zahlungsverkehr mit dem Auslande einschließlich des Zoll- und Grenzschutzes;
6. den Luftverkehr;

6a. den Verkehr von Eisenbahnen, die ganz oder mehrheitlich im Eigentum des Bundes stehen (Eisenbahnen des Bundes), den Bau, die Unterhaltung und das Betreiben von Schienenwegen der Eisenbahnen des Bundes sowie die Erhebung von Entgelten für die Benutzung dieser Schienenwege;[60]

7. das Postwesen und die Telekommunikation;
8. die Rechtsverhältnisse der im Dienste des Bundes und der bundesunmittelbaren Körperschaften des öffentlichen Rechtes stehenden Personen;
9. den gewerblichen Rechtsschutz, das Urheberrecht und das Verlagsrecht;
10. die Zusammenarbeit des Bundes und der Länder
    a) in der Kriminalpolizei,
    b) zum Schutze der freiheitlichen demokratischen Grundordnung, des Bestandes und der Sicherheit des Bundes oder eines Landes (Verfassungsschutz) und

59 Geändert durch Gesetz vom 26. 3. 1954 (BGBl. I S. 45) und 17. Gesetz zur Ergänzung des Grundgesetzes.

60 Nr. 6 geändert und Nr. 6a eingefügt durch das Änderungsgesetz zu Nr. 34 (Einleitung); Nr. 7 neugefaßt durch das Änderungsgesetz zu Nr. 35 (Einleitung).

c) zum Schutze gegen Bestrebungen im Bundesgebiet, die durch Anwendung von Gewalt oder darauf gerichtete Vorbereitungshandlungen auswärtige Belange der Bundesrepublik Deutschland gefährden,

sowie die Einrichtung eines Bundeskriminalpolizeiamtes und die internationale Verbrechensbekämpfung;[61]

11. Statistik für Bundeszwecke.

Artikel 74[62]

(1) Die konkurrierende Gesetzgebung erstreckt sich auf folgende Gebiete:

1. das bürgerliche Recht, das Strafrecht und den Strafvollzug, die Gerichtsverfassung, das gerichtliche Verfahren, die Rechtsanwaltschaft, das Notariat und die Rechtsberatung;
2. das Personenstandswesen;
3. das Vereins- und Versammlungsrecht;
4. das Aufenthalts- und Niederlassungsrecht der Ausländer;

4a. das Waffen- und Sprengstoffrecht;[63]

5. (weggefallen)
6. die Angelegenheiten der Flüchtlinge und Vertriebenen;
7. die öffentliche Fürsorge;
8. (weggefallen)
9. die Kriegsschäden und die Wiedergutmachung;
10. die Versorgung der Kriegsbeschädigten und Kriegshinterbliebenen und die Fürsorge für die ehemaligen Kriegsgefangenen;[64]

10a. die Kriegsgräber und Gräber anderer Opfer des Krieges und Opfer von Gewaltherrschaft;

11. das Recht der Wirtschaft (Bergbau, Industrie, Energie-

61 Nr. 10 neugefaßt durch 31. Gesetz zur Änderung des Grundgesetzes.

62 Absatz 1 Nummern 18, 25, 26, Absatz 2 i.d.F. des Änderungsgesetzes zu Nr. 36 (Einleitung).

63 Eingefügt durch 31. Gesetz zur Änderung des Grundgesetzes, ergänzt durch 34. Gesetz zur Änderung des Grundgesetzes.

64 Nr. 10 geändert, Nr. 10 a eingefügt durch 13. Gesetz zur Änderung des Grundgesetzes.

wirtschaft, Handwerk, Gewerbe, Handel, Bank- und Börsenwesen, privatrechtliches Versicherungswesen);

11a. die Erzeugung und Nutzung der Kernenergie zu friedlichen Zwecken, die Errichtung und den Betrieb von Anlagen, die diesen Zwecken dienen, den Schutz gegen Gefahren, die bei Freiwerden von Kernenergie oder durch ionisierende Strahlen entstehen, und die Beseitigung radioaktiver Stoffe;[65]

12. das Arbeitsrecht einschließlich der Betriebsverfassung, des Arbeitsschutzes und der Arbeitsvermittlung sowie die Sozialversicherung einschließlich der Arbeitslosenversicherung;

13. die Regelung der Ausbildungsbeihilfen und die Förderung der wissenschaftlichen Forschung;[66]

14. das Recht der Enteignung, soweit sie auf den Sachgebieten der Artikel 73 und 74 in Betracht kommt;

15. die Überführung von Grund und Boden, von Naturschätzen und Produktionsmitteln in Gemeineigentum oder in andere Formen der Gemeinwirtschaft;

16. die Verhütung des Mißbrauchs wirtschaftlicher Machtstellung;

17. die Förderung der land- und forstwirtschaftlichen Erzeugung, die Sicherung der Ernährung, die Ein- und Ausfuhr land- und forstwirtschaftlicher Erzeugnisse, die Hochsee- und Küstenfischerei und den Küstenschutz;

18. den Grundstücksverkehr, das Bodenrecht (ohne das Recht der Erschließungsbeiträge) und das landwirtschaftliche Pachtwesen, das Wohnungswesen, das Siedlungs- und Heimstättenwesen;

19. die Maßnahmen gegen gemeingefährliche und übertragbare Krankheiten bei Menschen und Tieren, die Zulassung zu ärztlichen und anderen Heilberufen und zum Heilgewerbe, den Verkehr mit Arzneien, Heil- und Betäubungsmitteln und Giften;

65 Eingefügt durch Gesetz vom 23. 12. 1959 (BGBl. I S. 813).

66 Neufassung durch 22. Gesetz zur Änderung des Grundgesetzes.

19a. die wirtschaftliche Sicherung der Krankenhäuser und die Regelung der Krankenhauspflegesätze;[67]
20. den Schutz beim Verkehr mit Lebens- und Genußmitteln, Bedarfsgegenständen, Futtermitteln und land- und forstwirtschaftlichem Saat- und Pflanzgut, den Schutz der Pflanzen gegen Krankheiten und Schädlinge sowie den Tierschutz;[68]
21. die Hochsee- und Küstenschiffahrt sowie die Seezeichen, die Binnenschiffahrt, den Wetterdienst, die Seewasserstraßen und die dem allgemeinen Verkehr dienenden Binnenwasserstraßen;
22. den Straßenverkehr, das Kraftfahrwesen, den Bau und die Unterhaltung von Landstraßen für den Fernverkehr sowie die Erhebung und Verteilung von Gebühren für die Benutzung öffentlicher Straßen mit Fahrzeugen;[69]
23. die Schienenbahnen, die nicht Eisenbahnen des Bundes sind, mit Ausnahme der Bergbahnen;[70]
24. die Abfallbeseitigung, die Luftreinhaltung und die Lärmbekämpfung;[71]
25. die Staatshaftung;
26. die künstliche Befruchtung beim Menschen, die Untersuchung und die künstliche Veränderung von Erbinformationen sowie Regelungen zur Transplantation von Organen und Geweben.

(2) Gesetze nach Absatz 1 Nr. 25 bedürfen der Zustimmung des Bundesrates.

Artikel 74 a[72]

(1) Die konkurrierende Gesetzgebung erstreckt sich ferner auf die Besoldung und Versorgung der Angehörigen des öffentlichen Dienstes, die in einem öffentlich-rechtlichen

67 Eingefügt durch 22. Gesetz zur Änderung des Grundgesetzes.
68 Neufassung durch 30. Gesetz zur Änderung des Grundgesetzes.
69 Neufassung durch 22. Gesetz zur Änderung des Grundgesetzes.
70 Geändert durch das Änderungsgesetz zu Nr. 34 (Einleitung).
71 Eingefügt durch 30. Gesetz zur Änderung des Grundgesetzes.
72 Eingefügt durch 28. Gesetz zur Änderung des Grundgesetzes.

Dienst- und Treueverhältnis stehen, soweit dem Bund nicht nach Artikel 73 Nr. 8 die ausschließliche Gesetzgebung zusteht.

(2) Bundesgesetze nach Absatz 1 bedürfen der Zustimmung des Bundesrates.

(3) Der Zustimmung des Bundesrates bedürfen auch Bundesgesetze nach Artikel 73 Nr. 8, soweit sie andere Maßstäbe für den Aufbau oder die Bemessung der Besoldung und Versorgung einschließlich der Bewertung der Ämter oder andere Mindest- oder Höchstbeträge vorsehen als Bundesgesetze nach Absatz 1.

(4) Die Absätze 1 und 2 gelten entsprechend für die Besoldung und Versorgung der Landesrichter. Für Gesetze nach Artikel 98 Absatz 1 gilt Absatz 3 entsprechend.

Artikel 75[73]

(1) Der Bund hat das Recht, unter den Voraussetzungen des Artikels 72 Rahmenvorschriften für die Gesetzgebung der Länder zu erlassen über:

1. die Rechtsverhältnisse der im öffentlichen Dienst der Länder, Gemeinden und anderen Körperschaften des öffentlichen Rechts stehenden Personen, soweit Artikel 74a nichts anderes bestimmt;

1a. die allgemeinen Grundsätze des Hochschulwesens;

2. die allgemeinen Rechtsverhältnisse der Presse;
3. das Jagdwesen, den Naturschutz und die Landschaftspflege;
4. die Bodenverteilung, die Raumordnung und den Wasserhaushalt;
5. das Melde- und Ausweiswesen;
6. den Schutz deutschen Kulturgutes gegen Abwanderung ins Ausland.

Artikel 72 Abs. 3 gilt entsprechend.

73 Änderungen durch 22. und 28. Gesetz zur Änderung des Grundgesetzes sowie das Änderungsgesetz zu Nr. 36 (Einleitung).

(2) Rahmenvorschriften dürfen nur in Ausnahmefällen in Einzelheiten gehende oder unmittelbar geltende Regelungen enthalten.

(3) Erläßt der Bund Rahmenvorschriften, so sind die Länder verpflichtet, innerhalb einer durch das Gesetz bestimmten angemessenen Frist die erforderlichen Landesgesetze zu erlassen.

Artikel 76[74]

(1) Gesetzesvorlagen werden beim Bundestage durch die Bundesregierung, aus der Mitte des Bundestages oder durch den Bundesrat eingebracht.

(2) Vorlagen der Bundesregierung sind zunächst dem Bundesrat zuzuleiten. Der Bundesrat ist berechtigt, innerhalb von sechs Wochen zu diesen Vorlagen Stellung zu nehmen. Verlangt er aus wichtigem Grunde, insbesondere mit Rücksicht auf den Umfang einer Vorlage, eine Fristverlängerung, so beträgt die Frist neun Wochen. Die Bundesregierung kann eine Vorlage, die sie bei der Zuleitung an den Bundesrat ausnahmsweise als besonders eilbedürftig bezeichnet hat, nach drei Wochen oder, wenn der Bundesrat ein Verlangen nach Satz 3 geäußert hat, nach sechs Wochen dem Bundestag zuleiten, auch wenn die Stellungnahme des Bundesrates noch nicht bei ihr eingegangen ist; sie hat die Stellungnahme des Bundesrates unverzüglich nach Eingang dem Bundestag nachzureichen. Bei Vorlagen zur Änderung dieses Grundgesetzes und zur Übertragung von Hoheitsrechten nach Artikel 23 oder Artikel 24 beträgt die Frist zur Stellungnahme neun Wochen; Satz 4 findet keine Anwendung.

(3) Vorlagen des Bundesrates sind dem Bundestag durch die Bundesregierung innerhalb von sechs Wochen zuzuleiten. Sie soll hierbei ihre Auffassung darlegen. Verlangt sie aus wichtigem Grunde, insbesondere mit Rücksicht auf den

74 Neufassung durch 18. und 23. Gesetz zur Änderung des Grundgesetzes sowie des Änderungsgesetzes zu Nr. 36 (Einleitung).

Umfang einer Vorlage, eine Fristverlängerung, so beträgt die Frist neun Wochen. Wenn der Bundesrat eine Vorlage ausnahmsweise als besonders eilbedürftig bezeichnet hat, beträgt die Frist drei Wochen oder, wenn die Bundesregierung ein Verlangen nach Satz 3 geäußert hat, sechs Wochen. Bei Vorlagen zur Änderung dieses Grundgesetzes und zur Übertragung von Hoheitsrechten nach Artikel 23 oder Artikel 24 beträgt die Frist neun Wochen; Satz 4 findet keine Anwendung. Der Bundestag hat über die Vorlagen in angemessener Frist zu beraten und Beschluß zu fassen.

Artikel 77[75]

(1) Die Bundesgesetze werden vom Bundestage beschlossen. Sie sind nach ihrer Annahme durch den Präsidenten des Bundestages unverzüglich dem Bundesrate zuzuleiten.

(2) Der Bundesrat kann binnen drei Wochen nach Eingang des Gesetzesbeschlusses verlangen, daß ein aus Mitgliedern des Bundestages und des Bundesrates für die gemeinsame Beratung von Vorlagen gebildeter Ausschuß einberufen wird. Die Zusammensetzung und das Verfahren dieses Ausschusses regelt eine Geschäftsordnung, die vom Bundestag beschlossen wird und der Zustimmung des Bundesrates bedarf.[76] Die in diesen Ausschuß entsandten Mitglieder des Bundesrates sind nicht an Weisungen gebunden. Ist zu einem Gesetze die Zustimmung des Bundesrates erforderlich, so können auch der Bundestag und die Bundesregierung die Einberufung verlangen. Schlägt der Ausschuß eine Änderung des Gesetzesbeschlusses vor, so hat der Bundestag erneut Beschluß zu fassen.

(2a) Soweit zu einem Gesetz die Zustimmung des Bundesrates erforderlich ist, hat der Bundesrat, wenn ein Verlangen nach Absatz 2 Satz 1 nicht gestellt oder das Vermittlungsverfahren ohne einen Vorschlag zur Änderung des Gesetzesbe-

75 Neufassung durch 18. Gesetz zur Änderung des Grundgesetzes.
76 Vgl. GO für den Vermittlungsausschuß vom 19. 4. 1951 (BGBl. II S. 103) mit späteren Änderungen.

schlusses beendet ist, in angemessener Frist über die Zustimmung Beschluß zu fassen.[77]

(3) Soweit zu einem Gesetze die Zustimmung des Bundesrates nicht erforderlich ist, kann der Bundesrat, wenn das Verfahren nach Absatz 2 beendigt ist, gegen ein vom Bundestage beschlossenes Gesetz binnen zwei Wochen Einspruch einlegen. Die Einspruchsfrist beginnt im Falle des Absatzes 2 letzter Satz mit dem Eingange des vom Bundestage erneut gefaßten Beschlusses, in allen anderen Fällen mit dem Eingange der Mitteilung des Vorsitzenden des in Absatz 2 vorgesehenen Ausschusses, daß das Verfahren vor dem Ausschusse abgeschlossen ist.

(4) Wird der Einspruch mit der Mehrheit der Stimmen des Bundesrates beschlossen, so kann er durch Beschluß der Mehrheit der Mitglieder des Bundestages zurückgewiesen werden. Hat der Bundesrat den Einspruch mit einer Mehrheit von mindestens zwei Dritteln seiner Stimmen beschlossen, so bedarf die Zurückweisung durch den Bundestag einer Mehrheit von zwei Dritteln, mindestens der Mehrheit der Mitglieder des Bundestages.

Artikel 78

Ein vom Bundestage beschlossenes Gesetz kommt zustande, wenn der Bundesrat zustimmt, den Antrag gemäß Artikel 77 Abs. 2 nicht stellt, innerhalb der Frist des Artikels 77 Abs. 3 keinen Einspruch eingelegt oder ihn zurücknimmt oder wenn der Einspruch vom Bundestage überstimmt wird.

Artikel 79

(1) Das Grundgesetz kann nur durch ein Gesetz geändert werden, das den Wortlaut des Grundgesetzes ausdrücklich ändert oder ergänzt. Bei völkerrechtlichen Verträgen, die eine Friedensregelung, die Vorbereitung einer Friedensregelung oder den Abbau einer besatzungsrechtlichen Ordnung

77 Absatz 2a eingefügt durch das Änderungsgesetz zu Nr. 36 (Einleitung).

zum Gegenstand haben oder der Verteidigung der Bundesrepublik zu dienen bestimmt sind, genügt zur Klarstellung, daß die Bestimmungen des Grundgesetzes dem Abschluß und dem Inkraftsetzen der Verträge nicht entgegenstehen, eine Ergänzung des Wortlautes des Grundgesetzes, die sich auf diese Klarstellung beschränkt.[78]

(2) Ein solches Gesetz bedarf der Zustimmung von zwei Dritteln der Mitglieder des Bundestages und zwei Dritteln der Stimmen des Bundesrates.

(3) Eine Änderung dieses Grundgesetzes, durch welche die Gliederung des Bundes in Länder, die grundsätzliche Mitwirkung der Länder bei der Gesetzgebung oder die in den Artikeln 1 und 20 niedergelegten Grundsätze berührt werden, ist unzulässig.

Artikel 80

(1) Durch Gesetz können die Bundesregierung, ein Bundesminister oder die Landesregierungen ermächtigt werden, Rechtsverordnungen zu erlassen. Dabei müssen Inhalt, Zweck und Ausmaß der erteilten Ermächtigung im Gesetze bestimmt werden. Die Rechtsgrundlage ist in der Verordnung anzugeben. Ist durch Gesetz vorgesehen, daß eine Ermächtigung weiter übertragen werden kann, so bedarf es zur Übertragung der Ermächtigung einer Rechtsverordnung.

(2) Der Zustimmung des Bundesrates bedürfen, vorbehaltlich anderweitiger bundesgesetzlicher Regelung, Rechtsverordnungen der Bundesregierung oder eines Bundesministers über Grundsätze und Gebühren für die Benutzung der Einrichtungen des Postwesens und der Telekommunikation, über die Grundsätze der Erhebung des Entgelts für die Benutzung der Einrichtungen der Eisenbahnen des Bundes, über den Bau und Betrieb der Eisenbahnen, sowie Rechtsverordnungen auf Grund von Bundesgesetzen, die der

78 Satz 2 eingefügt durch Gesetz vom 26. 3. 1954 (BGBl. I S. 45).

Zustimmung des Bundesrates bedürfen oder die von den Ländern im Auftrage des Bundes oder als eigene Angelegenheit ausgeführt werden.[79]

(3) Der Bundesrat kann der Bundesregierung Vorlagen für den Erlaß von Rechtsverordnungen zuleiten, die seiner Zustimmung bedürfen.

(4) Soweit durch Bundesgesetz oder auf Grund von Bundesgesetzen Landesregierungen ermächtigt werden, Rechtsverordnungen zu erlassen, sind die Länder zu einer Regelung auch durch Gesetz befugt.

Artikel 80a[80]

(1) Ist in diesem Grundgesetz oder in einem Bundesgesetz über die Verteidigung einschließlich des Schutzes der Zivilbevölkerung bestimmt, daß Rechtsvorschriften nur nach Maßgabe dieses Artikels angewandt werden dürfen, so ist die Anwendung außer im Verteidigungsfalle nur zulässig, wenn der Bundestag den Eintritt des Spannungsfalles festgestellt oder wenn er der Anwendung besonders zugestimmt hat. Die Feststellung des Spannungsfalles und die besondere Zustimmung in den Fällen des Artikels 12 a Abs. 5 Satz 1 und Abs. 6 Satz 2 bedürfen einer Mehrheit von zwei Drittel der abgegebenen Stimmen.

(2) Maßnahmen auf Grund von Rechtsvorschriften nach Absatz 1 sind aufzuheben, wenn der Bundestag es verlangt.

(3) Abweichend von Absatz 1 ist die Anwendung solcher Rechtsvorschriften auch auf der Grundlage und nach Maßgabe eines Beschlusses zulässig, der von einem internationalen Organ im Rahmen eines Bündnisvertrages mit Zustimmung der Bundesregierung gefaßt wird. Maßnahmen nach diesem Absatz sind aufzuheben, wenn der Bundestag es mit der Mehrheit seiner Mitglieder verlangt.

79 Absatz 2 geändert durch die Änderungsgesetze zu Nr. 34 und 35 (Einleitung); Absätze 3 und 4 eingefügt durch das Änderungsgesetz zu Nr. 36 (Einleitung).

80 Eingefügt durch 17. Gesetz zur Ergänzung des Grundgesetzes.

Artikel 81

(1) Wird im Falle des Artikels 68 der Bundestag nicht aufgelöst, so kann der Bundespräsident auf Antrag der Bundesregierung mit Zustimmung des Bundesrates für eine Gesetzesvorlage den Gesetzgebungsnotstand erklären, wenn der Bundestag sie ablehnt, obwohl die Bundesregierung sie als dringlich bezeichnet hat. Das gleiche gilt, wenn eine Gesetzesvorlage abgelehnt worden ist, obwohl der Bundeskanzler mit ihr den Antrag des Artikels 68 verbunden hatte.

(2) Lehnt der Bundestag die Gesetzesvorlage nach Erklärung des Gesetzgebungsnotstandes erneut ab oder nimmt er sie in einer für die Bundesregierung als unannehmbar bezeichneten Fassung an, so gilt das Gesetz als zustande gekommen, soweit der Bundesrat ihm zustimmt. Das gleiche gilt, wenn die Vorlage vom Bundestage nicht innerhalb von vier Wochen nach der erneuten Einbringung verabschiedet wird.

(3) Während der Amtszeit eines Bundeskanzlers kann auch jede andere vom Bundestage abgelehnte Gesetzesvorlage innerhalb einer Frist von sechs Monaten nach der ersten Erklärung des Gesetzgebungsnotstandes gemäß Absatz 1 und 2 verabschiedet werden. Nach Ablauf der Frist ist während der Amtszeit des gleichen Bundeskanzlers eine weitere Erklärung des Gesetzgebungsnotstandes unzulässig.

(4) Das Grundgesetz darf durch ein Gesetz, das nach Absatz 2 zustande kommt, weder geändert noch ganz oder teilweise außer Kraft oder außer Anwendung gesetzt werden.

Artikel 82

(1) Die nach den Vorschriften dieses Grundgesetzes zustande gekommenen Gesetze werden vom Bundespräsidenten nach Gegenzeichnung ausgefertigt und im Bundesgesetzblatte verkündet. Rechtsverordnungen werden von der Stelle, die sie erläßt, ausgefertigt und vorbehaltlich ander-

weitiger gesetzlicher Regelung im Bundesgesetzblatte verkündet.[81]

(2) Jedes Gesetz und jede Rechtsverordnung soll den Tag des Inkrafttretens bestimmen. Fehlt eine solche Bestimmung, so treten sie mit dem vierzehnten Tage nach Ablauf des Tages in Kraft, an dem das Bundesgesetzblatt ausgegeben worden ist.

VIII. DIE AUSFÜHRUNG DER BUNDESGESETZE UND DIE BUNDESVERWALTUNG

Artikel 83

Die Länder führen die Bundesgesetze als eigene Angelegenheit aus, soweit dieses Grundgesetz nichts anderes bestimmt oder zuläßt.

Artikel 84

(1) Führen die Länder die Bundesgesetze als eigene Angelegenheit aus, so regeln sie die Einrichtung der Behörden und das Verwaltungsverfahren, soweit nicht Bundesgesetze mit Zustimmung des Bundesrates etwas anderes bestimmen.

(2) Die Bundesregierung kann mit Zustimmung des Bundesrates allgemeine Verwaltungsvorschriften erlassen.

(3) Die Bundesregierung übt die Aufsicht darüber aus, daß die Länder die Bundesgesetze dem geltenden Rechte gemäß ausführen. Die Bundesregierung kann zu diesem Zwecke Beauftragte zu den obersten Landesbehörden entsenden, mit deren Zustimmung und, falls diese Zustimmung versagt wird, mit Zustimmung des Bundesrates auch zu den nachgeordneten Behörden.

(4) Werden Mängel, die die Bundesregierung bei der Aus-

81 Vgl. Gesetz über die Verkündung von Rechtsverordnungen vom 30. 1. 1950 (BGBl. S. 23) und Gesetz über vereinfachte Verkündungen und Bekanntgaben vom 18. 7. 1975 (BGBl. I S. 1919), jeweils mit späteren Änderungen.

führung der Bundesgesetze in den Ländern festgestellt hat, nicht beseitigt, so beschließt auf Antrag der Bundesregierung oder des Landes der Bundesrat, ob das Land das Recht verletzt hat. Gegen den Beschluß des Bundesrates kann das Bundesverfassungsgericht angerufen werden.

(5) Der Bundesregierung kann durch Bundesgesetz, das der Zustimmung des Bundesrates bedarf, zur Ausführung von Bundesgesetzen die Befugnis verliehen werden, für besondere Fälle Einzelweisungen zu erteilen. Sie sind, außer wenn die Bundesregierung den Fall für dringlich erachtet, an die obersten Landesbehörden zu richten.

Artikel 85

(1) Führen die Länder die Bundesgesetze im Auftrage des Bundes aus, so bleibt die Einrichtung der Behörden Angelegenheit der Länder, soweit nicht Bundesgesetze mit Zustimmung des Bundesrates etwas anderes bestimmen.

(2) Die Bundesregierung kann mit Zustimmung des Bundesrates allgemeine Verwaltungsvorschriften erlassen. Sie kann die einheitliche Ausbildung der Beamten und Angestellten regeln. Die Leiter der Mittelbehörden sind mit ihrem Einvernehmen zu bestellen.

(3) Die Landesbehörden unterstehen den Weisungen der zuständigen obersten Bundesbehörden. Die Weisungen sind, außer wenn die Bundesregierung es für dringlich erachtet, an die obersten Landesbehörden zu richten. Der Vollzug der Weisung ist durch die obersten Landesbehörden sicherzustellen.

(4) Die Bundesaufsicht erstreckt sich auf Gesetzmäßigkeit und Zweckmäßigkeit der Ausführung. Die Bundesregierung kann zu diesem Zwecke Bericht und Vorlage der Akten verlangen und Beauftragte zu allen Behörden entsenden.

Artikel 86

Führt der Bund die Gesetze durch bundeseigene Verwaltung oder durch bundesunmittelbare Körperschaften oder Anstalten des öffentlichen Rechtes aus, so erläßt die Bundesregierung, soweit nicht das Gesetz Besonderes vorschreibt, die allgemeinen Verwaltungsvorschriften. Sie regelt, soweit das Gesetz nichts anderes bestimmt, die Einrichtung der Behörden.

Artikel 87[82]

(1) In bundeseigener Verwaltung mit eigenem Verwaltungsunterbau werden geführt der Auswärtige Dienst, die Bundesfinanzverwaltung und nach Maßgabe des Artikels 89 die Verwaltung der Bundeswasserstraßen und der Schiffahrt. Durch Bundesgesetz können Bundesgrenzschutzbehörden, Zentralstellen für das polizeiliche Auskunfts- und Nachrichtenwesen, für die Kriminalpolizei und zur Sammlung von Unterlagen für Zwecke des Verfassungsschutzes und des Schutzes gegen Bestrebungen im Bundesgebiet, die durch Anwendung von Gewalt oder darauf gerichtete Vorbereitungshandlungen auswärtige Belange der Bundesrepublik Deutschland gefährden, eingerichtet werden.

(2) Als bundesunmittelbare Körperschaften des öffentlichen Rechtes werden diejenigen sozialen Versicherungsträger geführt, deren Zuständigkeitsbereich sich über das Gebiet eines Landes hinaus erstreckt. Soziale Versicherungsträger, deren Zuständigkeitsbereich sich über das Gebiet eines Landes, aber nicht über mehr als drei Länder hinaus erstreckt, werden abweichend von Satz 1 als landesunmittelbare Körperschaften des öffentlichen Rechtes geführt, wenn das aufsichtsführende Land durch die beteiligten Länder bestimmt ist.

(3) Außerdem können für Angelegenheiten, für die dem Bunde die Gesetzgebung zusteht, selbständige Bundesoberbehörden und neue bundesunmittelbare Körperschaften und Anstalten des öffentlichen Rechtes durch Bundesgesetz

82 Absatz 1 geändert durch 31. Gesetz zur Änderung des Grundgesetzes, durch das Änderungsgesetz zu Nr. 34 (Einleitung) sowie das Änderungsgesetz zu Nr. 35. Absatz 2 i.d.F. des Änderungsgesetzes zu Nr. 36 (Einleitung).

errichtet werden. Erwachsen dem Bunde auf Gebieten, für die ihm die Gesetzgebung zusteht, neue Aufgaben, so können bei dringendem Bedarf bundeseigene Mittel- und Unterbehörden mit Zustimmung des Bundesrates und der Mehrheit der Mitglieder des Bundestages errichtet werden.

Artikel 87a[83]

(1) Der Bund stellt Streitkräfte zur Verteidigung auf. Ihre zahlenmäßige Stärke und die Grundzüge ihrer Organisation müssen sich aus dem Haushaltsplan ergeben.

(2) Außer zur Verteidigung dürfen die Streitkräfte nur eingesetzt werden, soweit dieses Grundgesetz es ausdrücklich zuläßt.

(3) Die Streitkräfte haben im Verteidigungsfalle und im Spannungsfalle die Befugnis, zivile Objekte zu schützen und Aufgaben der Verkehrsregelung wahrzunehmen, soweit dies zur Erfüllung ihres Verteidigungsauftrages erforderlich ist. Außerdem kann den Streitkräften im Verteidigungsfalle und im Spannungsfalle der Schutz ziviler Objekte auch zur Unterstützung polizeilicher Maßnahmen übertragen werden; die Streitkräfte wirken dabei mit den zuständigen Behörden zusammen.

(4) Zur Abwehr einer drohenden Gefahr für den Bestand oder die freiheitliche demokratische Grundordnung des Bundes oder eines Landes kann die Bundesregierung, wenn die Voraussetzungen des Artikels 91 Abs. 2 vorliegen und die Polizeikräfte sowie der Bundesgrenzschutz nicht ausreichen, Streitkräfte zur Unterstützung der Polizei und des Bundesgrenzschutzes beim Schutze von zivilen Objekten und bei der Bekämpfung organisierter und militärisch bewaffneter Aufständischer einsetzen. Der Einsatz von Streitkräften ist einzustellen, wenn der Bundestag oder der Bundesrat es verlangt.

83 Eingefügt durch Gesetz vom 19. 3. 1956 (BGBl. I S. 111), neu gefaßt durch 17. Gesetz zur Ergänzung des Grundgesetzes.

Artikel 87b[84]

(1) Die Bundeswehrverwaltung wird in bundeseigener Verwaltung mit eigenem Verwaltungsunterbau geführt. Sie dient den Aufgaben des Personalwesens und der unmittelbaren Deckung des Sachbedarfs der Streitkräfte. Aufgaben der Beschädigtenversorgung und des Bauwesens können der Bundeswehrverwaltung nur durch Bundesgesetz, das der Zustimmung des Bundesrates bedarf, übertragen werden. Der Zustimmung des Bundesrates bedürfen ferner Gesetze, soweit sie die Bundeswehrverwaltung zu Eingriffen in Rechte Dritter ermächtigen; das gilt nicht für Gesetze auf dem Gebiete des Personalwesens.

(2) Im übrigen können Bundesgesetze, die der Verteidigung einschließlich des Wehrersatzwesens und des Schutzes der Zivilbevölkerung dienen, mit Zustimmung des Bundesrates bestimmen, daß sie ganz oder teilweise in bundeseigener Verwaltung mit eigenem Verwaltungsunterbau oder von den Ländern im Auftrage des Bundes ausgeführt werden. Werden solche Gesetze von den Ländern im Auftrage des Bundes ausgeführt, so können sie mit Zustimmung des Bundesrates bestimmen, daß die der Bundesregierung und den zuständigen obersten Bundesbehörden auf Grund des Artikels 85 zustehenden Befugnisse ganz oder teilweise Bundesoberbehörden übertragen werden; dabei kann bestimmt werden, daß diese Behörden beim Erlaß allgemeiner Verwaltungsvorschriften gemäß Artikel 85 Abs. 2 Satz 1 nicht der Zustimmung des Bundesrates bedürfen.

Artikel 87c[85]

Gesetze, die auf Grund des Artikels 74 Nr. 11a ergehen, können mit Zustimmung des Bundesrates bestimmen, daß sie von den Ländern im Auftrage des Bundes ausgeführt werden.

84 Eingefügt durch Gesetz vom 19. 3. 1956 (BGBl. I S. 111).
85 Eingefügt durch Gesetz vom 23. 12. 1959 (BGBl. I S. 813).

Artikel 87 d[86]

(1) Die Luftverkehrsverwaltung wird in bundeseigener Verwaltung geführt. Über die öffentlich-rechtliche oder privat-rechtliche Organisationsform wird durch Bundesgesetz entschieden.

(2) Durch Bundesgesetz, das der Zustimmung des Bundesrates bedarf, können Aufgaben der Luftverkehrsverwaltung den Ländern als Auftragsverwaltung übertragen werden.

Artikel 87 e[87]

(1) Die Eisenbahnverkehrsverwaltung für Eisenbahnen des Bundes wird in bundeseigener Verwaltung geführt. Durch Bundesgesetz können Aufgaben der Eisenbahnverkehrsverwaltung den Ländern als eigene Angelegenheit übertragen werden.

(2) Der Bund nimmt die über den Bereich der Eisenbahnen des Bundes hinausgehenden Aufgaben der Eisenbahnverkehrsverwaltung wahr, die ihm durch Bundesgesetz übertragen werden.

(3) Eisenbahnen des Bundes werden als Wirtschaftsunternehmen in privatrechtlicher Form geführt. Diese stehen im Eigentum des Bundes, soweit die Tätigkeit des Wirtschaftsunternehmens den Bau, die Unterhaltung und das Betreiben von Schienenwegen umfaßt. Die Veräußerung von Anteilen des Bundes an den Unternehmen nach Satz 2 erfolgt auf Grund eines Gesetzes; die Mehrheit der Anteile an diesen Unternehmen verbleibt beim Bund. Das Nähere wird durch Bundesgesetz geregelt.

(4) Der Bund gewährleistet, daß dem Wohl der Allgemeinheit, insbesondere den Verkehrsbedürfnissen, beim Ausbau und Erhalt des Schienennetzes der Eisenbahnen des Bundes sowie bei deren Verkehrsangeboten auf diesem Schienen-

86 Eingefügt durch Gesetz vom 6. 2. 1961 (BGBl. I S. 65). Absatz 1 ergänzt durch das Änderungsgesetz zu Nr. 31 (Einleitung).

87 Eingefügt durch das Änderungsgesetz zu Nr. 34 (Einleitung).

netz, soweit diese nicht den Schienenpersonennahverkehr betreffen, Rechnung getragen wird. Das Nähere wird durch Bundesgesetz geregelt.

(5) Gesetze auf Grund der Absätze 1 bis 4 bedürfen der Zustimmung des Bundesrates. Der Zustimmung des Bundesrates bedürfen ferner Gesetze, die die Auflösung, die Verschmelzung und die Aufspaltung von Eisenbahnunternehmen des Bundes, die Übertragung von Schienenwegen der Eisenbahnen des Bundes an Dritte sowie die Stillegung von Schienenwegen der Eisenbahnen des Bundes regeln oder Auswirkungen auf den Schienenpersonennahverkehr haben.

Artikel 87f[88]

(1) Nach Maßgabe eines Bundesgesetzes, das der Zustimmung des Bundesrates bedarf, gewährleistet der Bund im Bereich des Postwesens und der Telekommunikation flächendeckend angemessene und ausreichende Dienstleistungen.

(2) Dienstleistungen im Sinne des Absatzes 1 werden als privatwirtschaftliche Tätigkeiten durch die aus dem Sondervermögen Deutsche Bundespost hervorgegangenen Unternehmen und durch andere private Anbieter erbracht. Hoheitsaufgaben im Bereich des Postwesens und der Telekommunikation werden in bundeseigener Verwaltung ausgeführt.

(3) Unbeschadet des Absatzes 2 Satz 2 führt der Bund in der Rechtsform einer bundesunmittelbaren Anstalt des öffentlichen Rechts einzelne Aufgaben in bezug auf die aus dem Sondervermögen Deutsche Bundespost hervorgegangenen Unternehmen nach Maßgabe eines Bundesgesetzes aus.

88 Eingefügt durch das Änderungsgesetz zu Nr. 35 (Einleitung).

Artikel 88[89]

Der Bund errichtet eine Währungs- und Notenbank als Bundesbank. Ihre Aufgaben und Befugnisse können im Rahmen der Europäischen Union der Europäischen Zentralbank übertragen werden, die unabhängig ist und dem vorrangigen Ziel der Sicherung der Preisstabilität verpflichtet.

Artikel 89

(1) Der Bund ist Eigentümer der bisherigen Reichswasserstraßen.

(2) Der Bund verwaltet die Bundeswasserstraßen durch eigene Behörden. Er nimmt die über den Bereich eines Landes hinausgehenden staatlichen Aufgaben der Binnenschifffahrt und die Aufgaben der Seeschiffahrt wahr, die ihm durch Gesetz übertragen werden. Er kann die Verwaltung von Bundeswasserstraßen, soweit sie im Gebiete eines Landes liegen, diesem Lande auf Antrag als Auftragserteilung übertragen. Berührt eine Wasserstraße das Gebiet mehrerer Länder, so kann der Bund das Land beauftragen, für das die beteiligten Länder es beantragen.

(3) Bei der Verwaltung, dem Ausbau und dem Neubau von Wasserstraßen sind die Bedürfnisse der Landeskultur und der Wasserwirtschaft im Einvernehmen mit den Ländern zu wahren.

Artikel 90

(1) Der Bund ist Eigentümer der bisherigen Reichsautobahnen und Reichsstraßen.

(2) Die Länder oder die nach Landesrecht zuständigen Selbstverwaltungskörperschaften verwalten die Bundesautobahnen und sonstigen Bundesstraßen des Fernverkehrs im Auftrage des Bundes.

(3) Auf Antrag eines Landes kann der Bund Bundesauto-

89 Satz 2 eingefügt durch das Änderungsgesetz zu Nr. 32 (Einleitung). Vgl. Gesetz über die Deutsche Bundesbank i.d.F. vom 22. 10. 1992 (BGBl. I S. 1782) mit späteren Änderungen.

bahnen und sonstige Bundesstraßen des Fernverkehrs, soweit sie im Gebiete dieses Landes liegen, in bundeseigene Verwaltung übernehmen.

Artikel 91[90]

(1) Zur Abwehr einer drohenden Gefahr für den Bestand oder die freiheitliche demokratische Grundordnung des Bundes oder eines Landes kann ein Land Polizeikräfte anderer Länder sowie Kräfte und Einrichtungen anderer Verwaltungen und des Bundesgrenzschutzes anfordern.

(2) Ist das Land, in dem die Gefahr droht, nicht selbst zur Bekämpfung der Gefahr bereit oder in der Lage, so kann die Bundesregierung die Polizei in diesem Lande und die Polizeikräfte anderer Länder ihren Weisungen unterstellen sowie Einheiten des Bundesgrenzschutzes einsetzen. Die Anordnung ist nach Beseitigung der Gefahr, im übrigen jederzeit auf Verlangen des Bundesrates aufzuheben. Erstreckt sich die Gefahr auf das Gebiet mehr als eines Landes, so kann die Bundesregierung, soweit es zur wirksamen Bekämpfung erforderlich ist, den Landesregierungen Weisungen erteilen; Satz 1 und 2 bleiben unberührt.

VIII a. GEMEINSCHAFTSAUFGABEN[91]

Artikel 91 a

(1) Der Bund wirkt auf folgenden Gebieten bei der Erfüllung von Aufgaben der Länder mit, wenn diese Aufgaben für die Gesamtheit bedeutsam sind und die Mitwirkung des Bundes zur Verbesserung der Lebensverhältnisse erforderlich ist (Gemeinschaftsaufgaben):

90 Neufassung durch 17. Gesetz zur Ergänzung des Grundgesetzes.
91 Abschnitt VIII a mit Art. 91 a und 91 b eingefügt durch 21. Gesetz zur Änderung des Grundgesetzes. Artikel 91 a Abs. 1 Nr. 1 geändert durch 27. Gesetz zur Änderung des Grundgesetzes.

1. Ausbau und Neubau von Hochschulen einschließlich der Hochschulkliniken,
2. Verbesserung der regionalen Wirtschaftsstruktur,
3. Verbesserung der Agrarstruktur und des Küstenschutzes.

(2) Durch Bundesgesetz mit Zustimmung des Bundesrates werden die Gemeinschaftsaufgaben näher bestimmt. Das Gesetz soll allgemeine Grundsätze für ihre Erfüllung enthalten.

(3) Das Gesetz trifft Bestimmungen über das Verfahren und über Einrichtungen für eine gemeinsame Rahmenplanung. Die Aufnahme eines Vorhabens in die Rahmenplanung bedarf der Zustimmung des Landes, in dessen Gebiet es durchgeführt wird.

(4) Der Bund trägt in den Fällen des Absatzes 1 Nr. 1 und 2 die Hälfte der Ausgaben in jedem Land. In den Fällen des Absatzes 1 Nr. 3 trägt der Bund mindestens die Hälfte; die Beteiligung ist für alle Länder einheitlich festzusetzen. Das Nähere regelt das Gesetz. Die Bereitstellung der Mittel bleibt der Feststellung in den Haushaltsplänen des Bundes und der Länder vorbehalten.

(5) Bundesregierung und Bundesrat sind auf Verlangen über die Durchführung der Gemeinschaftsaufgaben zu unterrichten.

Artikel 91 b

Bund und Länder können auf Grund von Vereinbarungen bei der Bildungsplanung und bei der Förderung von Einrichtungen und Vorhaben der wissenschaftlichen Forschung von überregionaler Bedeutung zusammenwirken. Die Aufteilung der Kosten wird in der Vereinbarung geregelt.

IX. DIE RECHTSPRECHUNG

Artikel 92[92]

Die rechtsprechende Gewalt ist den Richtern anvertraut; sie wird durch das Bundesverfassungsgericht, durch die in diesem Grundgesetze vorgesehenen Bundesgerichte und durch die Gerichte der Länder ausgeübt.

Artikel 93[93]

(1) Das Bundesverfassungsgericht entscheidet:

1. über die Auslegung dieses Grundgesetzes aus Anlaß von Streitigkeiten über den Umfang der Rechte und Pflichten eines obersten Bundesorgans oder anderer Beteiligter, die durch dieses Grundgesetz oder in der Geschäftsordnung eines obersten Bundesorgans mit eigenen Rechten ausgestattet sind;
2. bei Meinungsverschiedenheiten oder Zweifeln über die förmliche und sachliche Vereinbarkeit von Bundesrecht oder Landesrecht mit diesem Grundgesetze oder die Vereinbarkeit von Landesrecht mit sonstigem Bundesrechte auf Antrag der Bundesregierung, einer Landesregierung oder eines Drittels der Mitglieder des Bundestages;

2a. bei Meinungsverschiedenheiten, ob ein Gesetz den Voraussetzungen des Artikels 72 Abs. 2 entspricht, auf Antrag des Bundesrates, einer Landesregierung oder der Volksvertretung eines Landes;

3. bei Meinungsverschiedenheiten über Rechte und Pflichten des Bundes und der Länder, insbesondere bei der Ausführung von Bundesrecht durch die Länder und bei der Ausübung der Bundesaufsicht;
4. in anderen öffentlich-rechtlichen Streitigkeiten zwischen

92 Geändert durch 16. Gesetz zur Änderung des Grundgesetzes.

93 Absatz 1 Nrn. 4a und 4b eingefügt durch 19. Gesetz zur Änderung des Grundgesetzes; Nr. 2a eingefügt durch das Änderungsgesetz zu Nr. 36 (Einleitung).

dem Bunde und den Ländern, zwischen verschiedenen Ländern oder innerhalb eines Landes, soweit nicht ein anderer Rechtsweg gegeben ist;

4a. über Verfassungsbeschwerden, die von jedermann mit der Behauptung erhoben werden können, durch die öffentliche Gewalt in einem seiner Grundrechte oder in einem seiner in Artikel 20 Abs. 4, 33, 38, 101, 103 und 104 enthaltenen Rechte verletzt zu sein;

4b. über Verfassungsbeschwerden von Gemeinden und Gemeindeverbänden wegen Verletzung des Rechts auf Selbstverwaltung nach Artikel 28 durch ein Gesetz, bei Landesgesetzen jedoch nur, soweit nicht Beschwerde beim Landesverfassungsgericht erhoben werden kann;

5. in den übrigen in diesem Grundgesetz vorgesehenen Fällen.

(2) Das Bundesverfassungsgericht wird ferner in den ihm sonst durch Bundesgesetz zugewiesenen Fällen tätig.

Artikel 94[94]

(1) Das Bundesverfassungsgericht besteht aus Bundesrichtern und anderen Mitgliedern. Die Mitglieder des Bundesverfassungsgerichtes werden je zur Hälfte vom Bundestage und vom Bundesrate gewählt. Sie dürfen weder dem Bundestage, dem Bundesrate, der Bundesregierung noch entsprechenden Organen eines Landes angehören.

(2) Ein Bundesgesetz[95] regelt seine Verfassung und das Verfahren und bestimmt, in welchen Fällen seine Entscheidungen Gesetzeskraft haben. Es kann für Verfassungsbeschwerden die vorherige Erschöpfung des Rechtsweges zur Voraussetzung machen und ein besonderes Annahmeverfahren vorsehen.

94 Absatz 2 geändert durch 19. Gesetz zur Änderung des Grundgesetzes.

95 Vgl. Gesetz über das Bundesverfassungsgericht – Teil II dieser Ausgabe.

Artikel 95[96]

(1) Für die Gebiete der ordentlichen, der Verwaltungs-, der Finanz-, der Arbeits- und der Sozialgerichtsbarkeit errichtet der Bund als oberste Gerichtshöfe den Bundesgerichtshof, das Bundesverwaltungsgericht, den Bundesfinanzhof, das Bundesarbeitsgericht und das Bundessozialgericht.

(2) Über die Berufung der Richter dieser Gerichte entscheidet der für das jeweilige Sachgebiet zuständige Bundesminister gemeinsam mit einem Richterwahlausschuß, der aus den für das jeweilige Sachgebiet zuständigen Ministern der Länder und einer gleichen Anzahl von Mitgliedern besteht, die vom Bundestage gewählt werden.

(3) Zur Wahrung der Einheitlichkeit der Rechtsprechung ist ein Gemeinsamer Senat der in Absatz 1 genannten Gerichte zu bilden. Das Nähere regelt ein Bundesgesetz.[97]

Artikel 96[98]

(1) Der Bund kann für Angelegenheiten des gewerblichen Rechtsschutzes ein Bundesgericht errichten.

(2) Der Bund kann Wehrstrafgerichte für die Streitkräfte als Bundesgerichte errichten. Sie können die Strafgerichtsbarkeit nur im Verteidigungsfalle sowie über Angehörige der Streitkräfte ausüben, die in das Ausland entsandt oder an Bord von Kriegsschiffen eingeschifft sind. Das Nähere regelt ein Bundesgesetz. Diese Gerichte gehören zum Geschäftsbereich des Bundesjustizministers. Ihre hauptamtlichen Richter müssen die Befähigung zum Richteramt haben.

(3) Oberster Gerichtshof für die in Absatz 1 und 2 genannten Gerichte ist der Bundesgerichtshof.

(4) Der Bund kann für Personen, die zu ihm in einem

96 Neufassung durch 16. Gesetz zur Änderung des Grundgesetzes.

97 Vgl. Gesetz zur Wahrung der Einheitlichkeit der Rechtsprechung der obersten Gerichtshöfe des Bundes vom 19. 6. 1968 (BGBl. I S. 661).

98 Durch 16. Gesetz zur Änderung des Grundgesetzes ist der bisherige Artikel 96 aufgehoben und der bisherige Artikel 96a mit Änderungen Artikel 96 geworden; Abs. 4 geändert durch 22. Gesetz; Abs. 5 eingefügt durch 26. Gesetz zur Änderung des Grundgesetzes, geändert durch Änderungsgesetz zu Nr. 44 (Einleitung).

öffentlich-rechtlichen Dienstverhältnis stehen, Bundesgerichte zur Entscheidung in Disziplinarverfahren und Beschwerdeverfahren errichten.

(5) Für Strafverfahren auf den folgenden Gebieten kann ein Bundesgesetz mit Zustimmung des Bundesrates vorsehen, daß Gerichte der Länder Gerichtsbarkeit des Bundes ausüben: 1. Völkermord; 2. völkerstrafrechtliche Verbrechen gegen die Menschlichkeit; 3. Kriegsverbrechen; 4. andere Handlungen, die geeignet sind und in der Absicht vorgenommen werden, das friedliche Zusammenleben der Völker zu stören (Artikel 26 Abs. 1); 5. Staatsschutz.

Artikel 97

(1) Die Richter sind unabhängig und nur dem Gesetze unterworfen.

(2) Die hauptamtlich und planmäßig endgültig angestellten Richter können wider ihren Willen nur kraft richterlicher Entscheidung und nur aus Gründen und unter den Formen, welche die Gesetze bestimmen, vor Ablauf ihrer Amtszeit entlassen oder dauernd oder zeitweise ihres Amtes enthoben oder an eine andere Stelle oder in den Ruhestand versetzt werden. Die Gesetzgebung kann Altersgrenzen festsetzen, bei deren Erreichung auf Lebenszeit angestellte Richter in den Ruhestand treten. Bei Veränderung der Einrichtung der Gerichte oder ihrer Bezirke können Richter an ein anderes Gericht versetzt oder aus dem Amte entfernt werden, jedoch nur unter Belassung des vollen Gehaltes.

Artikel 98

(1) Die Rechtsstellung der Bundesrichter ist durch besonderes Bundesgesetz zu regeln.[99]

(2) Wenn ein Bundesrichter im Amte oder außerhalb des Amtes gegen die Grundsätze des Grundgesetzes oder gegen die verfassungsmäßige Ordnung eines Landes verstößt, so

99 Vgl. Deutsches Richtergesetz i.d.F. vom 19. 4. 1972 (BGBl. I S. 713) mit späteren Änderungen.

kann das Bundesverfassungsgericht mit Zweidrittelmehrheit auf Antrag des Bundestages anordnen, daß der Richter in ein anderes Amt oder in den Ruhestand zu versetzen ist. Im Falle eines vorsätzlichen Verstoßes kann auf Entlassung erkannt werden.

(3) Die Rechtsstellung der Richter in den Ländern ist durch besondere Landesgesetze zu regeln. Der Bund kann Rahmenvorschriften erlassen, soweit Artikel 74a Absatz 4 nichts anderes bestimmt.[100]

(4) Die Länder können bestimmen, daß über die Anstellung der Richter in den Ländern der Landesjustizminister gemeinsam mit einem Richterwahlausschuß entscheidet.

(5) Die Länder können für Landesrichter eine Absatz 2 entsprechende Regelung treffen. Geltendes Landesverfassungsrecht bleibt unberührt. Die Entscheidung über eine Richteranklage steht dem Bundesverfassungsgericht zu.

Artikel 99[101]

Dem Bundesverfassungsgericht kann durch Landesgesetz die Entscheidung von Verfassungsstreitigkeiten innerhalb eines Landes, den in Artikel 95 Abs. 1 genannten obersten Gerichtshöfen für den letzten Rechtszug die Entscheidung in solchen Sachen zugewiesen werden, bei denen es sich um die Anwendung von Landesrecht handelt.

Artikel 100

(1) Hält ein Gericht ein Gesetz, auf dessen Gültigkeit es bei der Entscheidung ankommt, für verfassungswidrig, so ist das Verfahren auszusetzen und, wenn es sich um die Verletzung der Verfassung eines Landes handelt, die Entscheidung des für Verfassungsstreitigkeiten zuständigen Gerichtes des Landes, wenn es sich um die Verletzung dieses Grundgesetzes handelt, die Entscheidung des Bundesverfassungsgerichtes einzuholen. Dies gilt auch, wenn es sich um die Ver-

100 Geändert durch 28. Gesetz zur Änderung des Grundgesetzes.
101 Geändert durch 16. Gesetz zur Änderung des Grundgesetzes.

letzung dieses Grundgesetzes durch Landesrecht oder um die Unvereinbarkeit eines Landesgesetzes mit einem Bundesgesetze handelt.

(2) Ist in einem Rechtsstreite zweifelhaft, ob eine Regel des Völkerrechtes Bestandteil des Bundesrechtes ist und ob sie unmittelbar Rechte und Pflichten für den einzelnen erzeugt (Artikel 25), so hat das Gericht die Entscheidung des Bundesverfassungsgerichts einzuholen.

(3) Will das Verfassungsgericht eines Landes bei der Auslegung des Grundgesetzes von einer Entscheidung des Bundesverfassungsgerichtes oder des Verfassungsgerichtes eines anderen Landes abweichen, so hat das Verfassungsgericht die Entscheidung des Bundesverfassungsgerichtes einzuholen.[102]

Artikel 101

(1) Ausnahmegerichte sind unzulässig. Niemand darf seinem gesetzlichen Richter entzogen werden.

(2) Gerichte für besondere Sachgebiete können nur durch Gesetz errichtet werden.

Artikel 102

Die Todesstrafe ist abgeschafft.

Artikel 103

(1) Vor Gericht hat jedermann Anspruch auf rechtliches Gehör.

(2) Eine Tat kann nur bestraft werden, wenn die Strafbarkeit gesetzlich bestimmt war, bevor die Tat begangen wurde.

(3) Niemand darf wegen derselben Tat auf Grund der allgemeinen Strafgesetze mehrmals bestraft werden.

Artikel 104

(1) Die Freiheit der Person kann nur auf Grund eines förmlichen Gesetzes und nur unter Beachtung der darin vorgeschriebenen Formen beschränkt werden. Festgehaltene

102 Zweiter Halbsatz des Absatzes 3 gestrichen durch 16. Gesetz zur Änderung des Grundgesetzes.

Personen dürfen weder seelisch noch körperlich mißhandelt werden.

(2) Über die Zulässigkeit und Fortdauer einer Freiheitsentziehung hat nur der Richter zu entscheiden. Bei jeder nicht auf richterlicher Anordnung beruhenden Freiheitsentziehung ist unverzüglich eine richterliche Entscheidung herbeizuführen. Die Polizei darf aus eigener Machtvollkommenheit niemanden länger als bis zum Ende des Tages nach dem Ergreifen in eigenem Gewahrsam halten. Das Nähere ist gesetzlich zu regeln.

(3) Jeder wegen des Verdachtes einer strafbaren Handlung vorläufig Festgenommene ist spätestens am Tage nach der Festnahme dem Richter vorzuführen, der ihm die Gründe der Festnahme mitzuteilen, ihn zu vernehmen und ihm Gelegenheit zu Einwendungen zu geben hat. Der Richter hat unverzüglich entweder einen mit Gründen versehenen schriftlichen Haftbefehl zu erlassen oder die Freilassung anzuordnen.

(4) Von jeder richterlichen Entscheidung über die Anordnung oder Fortdauer einer Freiheitsentziehung ist unverzüglich ein Angehöriger des Festgehaltenen oder eine Person seines Vertrauens zu benachrichtigen.

X. DAS FINANZWESEN

Artikel 104 a[103]

(1) Der Bund und die Länder tragen gesondert die Ausgaben, die sich aus der Wahrnehmung ihrer Aufgaben ergeben, soweit dieses Grundgesetz nichts anderes bestimmt.

(2) Handeln die Länder im Auftrage des Bundes, trägt der Bund die sich daraus ergebenden Ausgaben.

(3) Bundesgesetze, die Geldleistungen gewähren und von

103 Eingefügt durch 21. Gesetz zur Änderung des Grundgesetzes.

den Ländern ausgeführt werden, können bestimmen, daß die Geldleistungen ganz oder zum Teil vom Bund getragen werden. Bestimmt das Gesetz, daß der Bund die Hälfte der Ausgaben oder mehr trägt, wird es im Auftrage des Bundes durchgeführt. Bestimmt das Gesetz, daß die Länder ein Viertel der Ausgaben oder mehr tragen, so bedarf es der Zustimmung des Bundesrates.

(4) Der Bund kann den Ländern Finanzhilfen für besonders bedeutsame Investitionen der Länder und Gemeinden (Gemeindeverbände) gewähren, die zur Abwehr einer Störung des gesamtwirtschaftlichen Gleichgewichts oder zum Ausgleich unterschiedlicher Wirtschaftskraft im Bundesgebiet oder zur Förderung des wirtschaftlichen Wachstums erforderlich sind. Das Nähere, insbesondere die Arten der zu fördernden Investitionen, wird durch Bundesgesetz, das der Zustimmung des Bundesrates bedarf, oder auf Grund des Bundeshaushaltsgesetzes durch Verwaltungsvereinbarung geregelt.

(5) Der Bund und die Länder tragen die bei ihren Behörden entstehenden Verwaltungsausgaben und haften im Verhältnis zueinander für eine ordnungsmäßige Verwaltung. Das Nähere bestimmt ein Bundesgesetz, das der Zustimmung des Bundesrates bedarf.

Artikel 105[104]

(1) Der Bund hat die ausschließliche Gesetzgebung über die Zölle und Finanzmonopole.

(2) Der Bund hat die konkurrierende Gesetzgebung über die übrigen Steuern, wenn ihm das Aufkommen dieser Steuern ganz oder zum Teil zusteht oder die Voraussetzungen des Artikels 72 Abs. 2 vorliegen.

(2a) Die Länder haben die Befugnis zur Gesetzgebung über die örtlichen Verbrauch- und Aufwandsteuern, solange und soweit sie nicht bundesgesetzlich geregelten Steuern gleichartig sind.

104 Geändert durch 21. Gesetz zur Änderung des Grundgesetzes.

(3) Bundesgesetze über Steuern, deren Aufkommen den Ländern oder den Gemeinden (Gemeindeverbänden) ganz oder zum Teil zufließt, bedürfen der Zustimmung des Bundesrates.

Artikel 106[105]

(1) Der Ertrag der Finanzmonopole und das Aufkommen der folgenden Steuern stehen dem Bund zu:

1. die Zölle,
2. die Verbrauchsteuern, soweit sie nicht nach Absatz 2 den Ländern, nach Absatz 3 Bund und Ländern gemeinsam oder nach Absatz 6 den Gemeinden zustehen,
3. die Straßengüterverkehrsteuer,
4. die Kapitalverkehrsteuern, die Versicherungsteuer und die Wechselsteuer,
5. die einmaligen Vermögensabgaben und die zur Durchführung des Lastenausgleichs erhobenen Ausgleichsabgaben.
6. die Ergänzungsabgabe zur Einkommensteuer und zur Körperschaftsteuer,
7. Abgaben im Rahmen der Europäischen Gemeinschaften.

(2) Das Aufkommen der folgenden Steuern steht den Ländern zu:

1. die Vermögensteuer,
2. die Erbschaftsteuer,
3. die Kraftfahrzeugsteuer,
4. die Verkehrsteuern, soweit sie nicht nach Absatz 1 dem Bund oder nach Absatz 3 Bund und Ländern gemeinsam zustehen,
5. die Biersteuer,
6. die Abgabe von Spielbanken.

105 Neufassung der Art. 106 und 107 auf Grund des Gesetzes vom 23. 12. 1955 (BGBl. I S. 817), des Gesetzes vom 24. 12. 1956 (BGBl. I S. 1077) und des 21. Gesetzes zur Änderung des Grundgesetzes. Änderungen des Art. 106 durch die Änderungsgesetze zu Nr. 37 und 38 (Einleitung).

(3) Das Aufkommen der Einkommensteuer, der Körperschaftsteuer und der Umsatzsteuer steht dem Bund und den Ländern gemeinsam zu (Gemeinschaftsteuern), soweit das Aufkommen der Einkommensteuer nicht nach Absatz 5 und das Aufkommen der der Umsatzsteuer nicht nach Absatz 5a den Gemeinden zugewiesen wird. Am Aufkommen der Einkommensteuer und der Körperschaftsteuer sind der Bund und die Länder je zur Hälfte beteiligt. Die Anteile von Bund und Ländern an der Umsatzsteuer werden durch Bundesgesetz, das der Zustimmung des Bundesrates bedarf, festgesetzt. Bei der Festsetzung ist von folgenden Grundsätzen auszugehen:

1. Im Rahmen der laufenden Einnahmen haben der Bund und die Länder gleichmäßig Anspruch auf Deckung ihrer notwendigen Ausgaben. Dabei ist der Umfang der Ausgaben unter Berücksichtigung einer mehrjährigen Finanzplanung zu ermitteln.
2. Die Deckungsbedürfnisse des Bundes und der Länder sind so aufeinander abzustimmen, daß ein billiger Ausgleich erzielt, eine Überbelastung der Steuerpflichtigen vermieden und die Einheitlichkeit der Lebensverhältnisse im Bundesgebiet gewahrt wird.

Zusätzlich werden in die Festsetzung der Anteile von Bund und Ländern an der Umsatzsteuer Steuermindereinnahmen einbezogen, die den Ländern ab 1. Januar 1996 aus der Berücksichtigung von Kindern im Einkommensteuerrecht entstehen. Das Nähere bestimmt das Bundesgesetz nach Satz 3.

(4) Die Anteile von Bund und Ländern an der Umsatzsteuer sind neu festzusetzen, wenn sich das Verhältnis zwischen den Einnahmen und Ausgaben des Bundes und der Länder wesentlich anders entwickelt; Steuermindereinnahmen, die nach Absatz 3 Satz 5 in die Festsetzung der Umsatzsteueranteile zusätzlich einbezogen werden, bleiben hierbei unberücksichtigt. Werden den Ländern durch Bundesgesetz zusätzliche Ausgaben auferlegt oder Einnahmen entzogen, so kann die Mehrbelastung durch Bundesgesetz, das der

Zustimmung des Bundesrates bedarf, auch mit Finanzzuweisungen des Bundes ausgeglichen werden, wenn sie auf einen kurzen Zeitraum begrenzt ist. In dem Gesetz sind die Grundsätze für die Bemessung dieser Finanzzuweisungen und für ihre Verteilung auf die Länder zu bestimmen.

(5) Die Gemeinden erhalten einen Anteil an dem Aufkommen der Einkommensteuer, der von den Ländern an ihre Gemeinden auf der Grundlage der Einkommensteuerleistungen ihrer Einwohner weiterzuleiten ist. Das Nähere bestimmt ein Bundesgesetz, das der Zustimmung des Bundesrates bedarf. Es kann bestimmen, daß die Gemeinden Hebesätze für den Gemeindeanteil festsetzen.

(5a) Die Gemeinden erhalten ab dem 1. Januar 1998 einen Anteil an dem Aufkommen der Umsatzsteuer. Er wird von den Ländern auf der Grundlage eines orts- und wirtschaftsbezogenen Schlüssels an ihre Gemeinden weitergeleitet. Das Nähere wird durch Bundesgesetz, das der Zustimmung des Bundesrates bedarf, bestimmt.

(6) Das Aufkommen der Grundsteuer und Gewerbesteuer steht den Gemeinden, das Aufkommen der örtlichen Verbrauch- und Aufwandsteuern steht den Gemeinden oder nach Maßgabe der Landesgesetzgebung den Gemeindeverbänden zu. Den Gemeinden ist das Recht einzuräumen, die Hebesätze der Grundsteuer und Gewerbesteuer im Rahmen der Gesetze festzusetzen. Bestehen in einem Land keine Gemeinden, so steht das Aufkommen der Grundsteuer und Gewerbesteuer sowie der örtlichen Verbrauch- und Aufwandsteuern dem Land zu. Bund und Länder können durch eine Umlage an dem Aufkommen der Gewerbesteuer beteiligt werden. Das Nähere über die Umlage bestimmt ein Bundesgesetz, das der Zustimmung des Bundesrates bedarf. Nach Maßgabe der Landesgesetzgebung können die Grundsteuer und Gewerbesteuer sowie der Gemeindeanteil vom Aufkommen der Einkommensteuer und der Umsatzsteuer als Bemessungsgrundlagen für Umlagen zugrunde gelegt werden.

(7) Von dem Länderanteil am Gesamtaufkommen der Gemeinschaftsteuern fließt den Gemeinden und Gemeinde-

verbänden insgesamt ein von der Landesgesetzgebung zu bestimmender Hundertsatz zu. Im übrigen bestimmt die Landesgesetzgebung, ob und inwieweit das Aufkommen der Landessteuern den Gemeinden (Gemeindeverbänden) zufließt.

(8) Veranlaßt der Bund in einzelnen Ländern oder Gemeinden (Gemeindeverbänden) besondere Einrichtungen, die diesen Ländern oder Gemeinden (Gemeindeverbänden) unmittelbar Mehrausgaben oder Mindereinnahmen (Sonderbelastungen) verursachen, gewährt der Bund den erforderlichen Ausgleich, wenn und soweit den Ländern oder Gemeinden (Gemeindeverbänden) nicht zugemutet werden kann, die Sonderbelastungen zu tragen. Entschädigungsleistungen Dritter und finanzielle Vorteile, die diesen Ländern oder Gemeinden (Gemeindeverbänden) als Folge der Einrichtungen erwachsen, werden bei dem Ausgleich berücksichtigt.

(9) Als Einnahmen und Ausgaben der Länder im Sinne dieses Artikels gelten auch die Einnahmen und Ausgaben der Gemeinden (Gemeindeverbände).

Artikel 106a[106]

Den Ländern steht ab 1. Januar 1996 für den öffentlichen Personennahverkehr ein Betrag aus dem Steueraufkommen des Bundes zu. Das Nähere regelt ein Bundesgesetz, das der Zustimmung des Bundesrates bedarf. Der Betrag nach Satz 1 bleibt bei der Bemessung der Finanzkraft nach Artikel 107 Abs. 2 unberücksichtigt.

Artikel 107[107]

(1) Das Aufkommen der Landessteuern und der Länderanteil am Aufkommen der Einkommensteuer und der Körperschaftsteuer stehen den einzelnen Ländern insoweit zu, als die Steuern von den Finanzbehörden in ihrem Gebiet ver-

106 Eingefügt durch das Änderungsgesetz zu Nr. 34 (Einleitung).
107 Nach vorausgegangenen Änderungen (vgl. Anm. zu Art. 106) Neufassung durch 21. Gesetz zur Änderung des Grundgesetzes.

einnahmt werden (örtliches Aufkommen). Durch Bundesgesetz, das der Zustimmung des Bundesrates bedarf, sind für die Körperschaftsteuer und die Lohnsteuer nähere Bestimmungen über die Abgrenzung sowie über Art und Umfang der Zerlegung des örtlichen Aufkommens zu treffen. Das Gesetz kann auch Bestimmungen über die Abgrenzung und Zerlegung des örtlichen Aufkommens anderer Steuern treffen. Der Länderanteil am Aufkommen der Umsatzsteuer steht den einzelnen Ländern nach Maßgabe ihrer Einwohnerzahl zu; für einen Teil, höchstens jedoch für ein Viertel dieses Länderanteils, können durch Bundesgesetz, das der Zustimmung des Bundesrates bedarf, Ergänzungsanteile für die Länder vorgesehen werden, deren Einnahmen aus den Landessteuern und aus der Einkommensteuer und der Körperschaftsteuer je Einwohner unter dem Durchschnitt der Länder liegen.

(2) Durch das Gesetz ist sicherzustellen, daß die unterschiedliche Finanzkraft der Länder angemessen ausgeglichen wird; hierbei sind die Finanzkraft und der Finanzbedarf der Gemeinden (Gemeindeverbände) zu berücksichtigen. Die Voraussetzungen für die Ausgleichsansprüche der ausgleichsberechtigten Länder und für die Ausgleichsverbindlichkeiten der ausgleichspflichtigen Länder sowie die Maßstäbe für die Höhe der Ausgleichsleistungen sind in dem Gesetz zu bestimmen. Es kann auch bestimmen, daß der Bund aus seinen Mitteln leistungsschwachen Ländern Zuweisungen zur ergänzenden Deckung ihres allgemeinen Finanzbedarfs (Ergänzungszuweisungen) gewährt.

Artikel 108[108]

(1) Zölle, Finanzmonopole, die bundesgesetzlich geregelten Verbrauchsteuern einschließlich der Einfuhrumsatzsteuer und die Abgaben im Rahmen der Europäischen Gemeinschaften werden durch Bundesfinanzbehörden verwaltet. Der Aufbau dieser Behörden wird durch Bundesge-

108 Neufassung durch 21. Gesetz zur Änderung des Grundgesetzes. Siehe auch Änderungsgesetz zu Nr. 43 (Einleitung).

setz geregelt. Soweit Mittelbehörden eingerichtet sind, werden deren Leiter im Benehmen mit den Landesregierungen bestellt.

(2) Die übrigen Steuern werden durch Landesfinanzbehörden verwaltet. Der Aufbau dieser Behörden und die einheitliche Ausbildung der Beamten können durch Bundesgesetz mit Zustimmung des Bundesrates geregelt werden. Soweit Mittelbehörden eingerichtet sind, werden deren Leiter im Einvernehmen mit der Bundesregierung bestellt.

(3) Verwalten die Landesfinanzbehörden Steuern, die ganz oder zum Teil dem Bund zufließen, so werden sie im Auftrage des Bundes tätig. Artikel 85 Abs. 3 und 4 gilt mit der Maßgabe, daß an die Stelle der Bundesregierung der Bundesminister der Finanzen tritt.

(4) Durch Bundesgesetz, das der Zustimmung des Bundesrates bedarf, kann bei der Verwaltung von Steuern ein Zusammenwirken von Bundes- und Landesfinanzbehörden sowie für Steuern, die unter Absatz 1 fallen, die Verwaltung durch Landesfinanzbehörden und für andere Steuern die Verwaltung durch Bundesfinanzbehörden vorgesehen werden, wenn und soweit dadurch der Vollzug der Steuergesetze erheblich verbessert oder erleichtert wird. Für die den Gemeinden (Gemeindeverbänden) allein zufließenden Steuern kann die den Landesfinanzbehörden zustehende Verwaltung durch die Länder ganz oder zum Teil den Gemeinden (Gemeindeverbänden) übertragen werden.

(5) Das von den Bundesfinanzbehörden anzuwendende Verfahren wird durch Bundesgesetz geregelt. Das von den Landesfinanzbehörden und in den Fällen des Absatzes 4 Satz 2 von den Gemeinden (Gemeindeverbänden) anzuwendende Verfahren kann durch Bundesgesetz mit Zustimmung des Bundesrates geregelt werden.

(6) Die Finanzgerichtsbarkeit wird durch Bundesgesetz einheitlich geregelt.

(7) Die Bundesregierung kann allgemeine Verwaltungsvorschriften erlassen, und zwar mit Zustimmung des Bun-

desrates, soweit die Verwaltung den Landesfinanzbehörden oder Gemeinden (Gemeindeverbänden) obliegt.

Artikel 109[109]

(1) Bund und Länder sind in ihrer Haushaltswirtschaft selbständig und voneinander unabhängig.

(2) Bund und Länder haben bei ihrer Haushaltswirtschaft den Erfordernissen des gesamtwirtschaftlichen Gleichgewichts Rechnung zu tragen.

(3) Durch Bundesgesetz, das der Zustimmung des Bundesrates bedarf, können für Bund und Länder gemeinsam geltende Grundsätze für das Haushaltsrecht, für eine konjunkturgerechte Haushaltswirtschaft und für eine mehrjährige Finanzplanung aufgestellt werden.

(4) Zur Abwehr einer Störung des gesamtwirtschaftlichen Gleichgewichts können durch Bundesgesetz, das der Zustimmung des Bundesrates bedarf, Vorschriften über

1. Höchstbeträge, Bedingungen und Zeitfolge der Aufnahme von Krediten durch Gebietskörperschaften und Zweckverbände und
2. eine Verpflichtung von Bund und Ländern, unverzinsliche Guthaben bei der Deutschen Bundesbank zu unterhalten (Konjunkturausgleichsrücklagen),

erlassen werden. Ermächtigungen zum Erlaß von Rechtsverordnungen können nur der Bundesregierung erteilt werden. Die Rechtsverordnungen bedürfen der Zustimmung des Bundesrates. Sie sind aufzuheben, soweit der Bundestag es verlangt; das Nähere bestimmt das Bundesgesetz.

Artikel 110[110]

(1) Alle Einnahmen und Ausgaben des Bundes sind in den Haushaltsplan einzustellen; bei Bundesbetrieben und bei Sondervermögen brauchen nur die Zuführungen oder die

109 Absätze 2 und 4 eingefügt durch 15. Gesetz, Absatz 3 geändert durch 20. Gesetz zur Änderung des Grundgesetzes.

110 Neufassung durch 20. Gesetz zur Änderung des Grundgesetzes.

Ablieferungen eingestellt zu werden. Der Haushaltsplan ist in Einnahme und Ausgabe auszugleichen.

(2) Der Haushaltsplan wird für ein oder mehrere Rechnungsjahre, nach Jahren getrennt, vor Beginn des ersten Rechnungsjahres durch das Haushaltsgesetz festgestellt. Für Teile des Haushaltsplanes kann vorgesehen werden, daß sie für unterschiedliche Zeiträume, nach Rechnungsjahren getrennt, gelten.

(3) Die Gesetzesvorlage nach Absatz 2 Satz 1 sowie Vorlagen zur Änderung des Haushaltsgesetzes und des Haushaltsplanes werden gleichzeitig mit der Zuleitung an den Bundesrat beim Bundestage eingebracht; der Bundesrat ist berechtigt, innnerhalb von sechs Wochen, bei Änderungsvorlagen innerhalb von drei Wochen, zu den Vorlagen Stellung zu nehmen.

(4) In das Haushaltsgesetz dürfen nur Vorschriften aufgenommen werden, die sich auf die Einnahmen und die Ausgaben des Bundes und auf den Zeitraum beziehen, für den das Haushaltsgesetz beschlossen wird. Das Haushaltsgesetz kann vorschreiben, daß die Vorschriften erst mit der Verkündung des nächsten Haushaltsgesetzes oder bei Ermächtigung nach Artikel 115 zu einem späteren Zeitpunkt außer Kraft treten.

Artikel 111

(1) Ist bis zum Schluß eines Rechnungsjahres der Haushaltsplan für das folgende Jahr nicht durch Gesetz festgestellt, so ist bis zu seinem Inkrafttreten die Bundesregierung ermächtigt, alle Ausgaben zu leisten, die nötig sind,

a) um gesetzlich bestehende Einrichtungen zu erhalten und gesetzlich beschlossene Maßnahmen durchzuführen,
b) um die rechtlich begründeten Verpflichtungen des Bundes zu erfüllen,
c) um Bauten, Beschaffungen und sonstige Leistungen fortzusetzen oder Beihilfen für diese Zwecke weiter zu

gewähren, sofern durch den Haushaltsplan eines Vorjahres bereits Beträge bewilligt worden sind.

(2) Soweit nicht auf besonderem Gesetze beruhende Einnahmen aus Steuern, Abgaben und sonstigen Quellen oder die Betriebsmittelrücklage die Ausgaben unter Absatz 1 decken, darf die Bundesregierung die zur Aufrechterhaltung der Wirtschaftsführung erforderlichen Mittel bis zur Höhe eines Viertels der Endsumme des abgelaufenen Haushaltsplanes im Wege des Kredits flüssig machen.

Artikel 112[111]

Überplanmäßige und außerplanmäßige Ausgaben bedürfen der Zustimmung des Bundesministers der Finanzen. Sie darf nur im Falle eines unvorhergesehenen und unabweisbaren Bedürfnisses erteilt werden. Näheres kann durch Bundesgesetz bestimmt werden.

Artikel 113[112]

(1) Gesetze, welche die von der Bundesregierung vorgeschlagenen Ausgaben des Haushaltsplanes erhöhen oder neue Ausgaben in sich schließen oder für die Zukunft mit sich bringen, bedürfen der Zustimmung der Bundesregierung. Das gleiche gilt für Gesetze, die Einnahmeminderungen in sich schließen oder für die Zukunft mit sich bringen. Die Bundesregierung kann verlangen, daß der Bundestag die Beschlußfassung über solche Gesetze aussetzt. In diesem Fall hat die Bundesregierung innerhalb von sechs Wochen dem Bundestage eine Stellungnahme zuzuleiten.

(2) Die Bundesregierung kann innerhalb von vier Wochen, nachdem der Bundestag das Gesetz beschlossen hat, verlangen, daß der Bundestag erneut Beschluß faßt.

(3) Ist das Gesetz nach Artikel 78 zustande gekommen, kann die Bundesregierung ihre Zustimmung nur innerhalb von sechs Wochen und nur dann versagen, wenn sie vorher

111 Neufassung durch 20. Gesetz zur Änderung des Grundgesetzes.
112 Neufassung durch 20. Gesetz zur Änderung des Grundgesetzes.

das Verfahren nach Absatz 1 Satz 3 und 4 oder nach Absatz 2 eingeleitet hat. Nach Ablauf dieser Frist gilt die Zustimmung als erteilt.

Artikel 114[113]

(1) Der Bundesminister der Finanzen hat dem Bundestage und dem Bundesrate über alle Einnahmen und Ausgaben sowie über das Vermögen und die Schulden im Laufe des nächsten Rechnungsjahres zur Entlastung der Bundesregierung Rechnung zu legen.

(2) Der Bundesrechnungshof, dessen Mitglieder richterliche Unabhängigkeit besitzen, prüft die Rechnung sowie die Wirtschaftlichkeit und Ordnungsmäßigkeit der Haushalts- und Wirtschaftsführung. Er hat außer der Bundesregierung unmittelbar dem Bundestage und dem Bundesrate jährlich zu berichten. Im übrigen werden die Befugnisse des Bundesrechnungshofes durch Bundesgesetz geregelt.[114]

Artikel 115[115]

(1) Die Aufnahme von Krediten sowie die Übernahme von Bürgschaften, Garantien oder sonstigen Gewährleistungen, die zu Ausgaben in künftigen Rechnungsjahren führen können, bedürfen einer der Höhe nach bestimmten oder bestimmbaren Ermächtigung durch Bundesgesetz. Die Einnahmen aus Krediten dürfen die Summe der im Haushaltsplan veranschlagten Ausgaben für Investitionen nicht überschreiten; Ausnahmen sind nur zulässig zur Abwehr einer Störung des gesamtwirtschaftlichen Gleichgewichts. Das Nähere wird durch Bundesgesetz geregelt.

(2) Für Sondervermögen des Bundes können durch Bundesgesetz Ausnahmen von Absatz 1 zugelassen werden.

113 Neufassung durch 20. Gesetz zur Änderung des Grundgesetzes.

114 Vgl. Gesetz über den Bundesrechnungshof vom 11. 7. 1985 (BGBl. I S. 1445) mit späteren Änderungen.

115 Neufassung durch 20. Gesetz zur Änderung des Grundgesetzes.

Xa. VERTEIDIGUNGSFALL[116]

Artikel 115a

(1) Die Feststellung, daß das Bundesgebiet mit Waffengewalt angegriffen wird oder ein solcher Angriff unmittelbar droht (Verteidigungsfall), trifft der Bundestag mit Zustimmung des Bundesrates. Die Feststellung erfolgt auf Antrag der Bundesregierung und bedarf einer Mehrheit von zwei Dritteln der abgegebenen Stimmen, mindestens der Mehrheit der Mitglieder des Bundestages.

(2) Erfordert die Lage unabweisbar ein sofortiges Handeln und stehen einem rechtzeitigen Zusammentritt des Bundestages unüberwindliche Hindernisse entgegen oder ist er nicht beschlußfähig, so trifft der Gemeinsame Ausschuß diese Feststellung mit einer Mehrheit von zwei Dritteln der abgegebenen Stimmen, mindestens der Mehrheit seiner Mitglieder.

(3) Die Feststellung wird vom Bundespräsidenten gemäß Artikel 82 im Bundesgesetzblatte verkündet. Ist dies nicht rechtzeitig möglich, so erfolgt die Verkündung in anderer Weise; sie ist im Bundesgesetzblatte nachzuholen, sobald die Umstände es zulassen.

(4) Wird das Bundesgebiet mit Waffengewalt angegriffen und sind die zuständigen Bundesorgane außerstande, sofort die Feststellung nach Absatz 1 Satz 1 zu treffen, so gilt diese Feststellung als getroffen und als zu dem Zeitpunkt verkündet, in dem der Angriff begonnen hat. Der Bundespräsident gibt diesen Zeitpunkt bekannt, sobald die Umstände es zulassen.

(5) Ist die Feststellung des Verteidigungsfalles verkündet und wird das Bundesgebiet mit Waffengewalt angegriffen, so kann der Bundespräsident völkerrechtliche Erklärungen über das Bestehen des Verteidigungsfalles mit Zustimmung des Bundestages abgeben. Unter den Voraussetzungen des

116 Abschnitt Xa mit Art. 115a bis 115l eingefügt durch 17. Gesetz zur Ergänzung des Grundgesetzes.

Absatzes 2 tritt an die Stelle des Bundestages der Gemeinsame Ausschuß.

Artikel 115b

Mit der Verkündung des Verteidigungsfalles geht die Befehls- und Kommandogewalt über die Streitkräfte auf den Bundeskanzler über.

Artikel 115c[117]

(1) Der Bund hat für den Verteidigungsfall das Recht der konkurrierenden Gesetzgebung auch auf den Sachgebieten, die zur Gesetzgebungszuständigkeit der Länder gehören. Diese Gesetze bedürfen der Zustimmung des Bundesrates.

(2) Soweit es die Verhältnisse während des Verteidigungsfalles erfordern, kann durch Bundesgesetz für den Verteidigungsfall

1. bei Enteignungen abweichend von Artikel 14 Abs. 3 Satz 2 die Entschädigung vorläufig geregelt werden,
2. für Freiheitsentziehungen eine von Artikel 104 Abs. 2 Satz 3 und Abs. 3 Satz 1 abweichende Frist, höchstens jedoch eine solche von vier Tagen, für den Fall festgesetzt werden, daß ein Richter nicht innerhalb der für Normalzeiten geltenden Frist tätig werden konnte.

(3) Soweit es zur Abwehr eines gegenwärtigen oder unmittelbar drohenden Angriffs erforderlich ist, kann für den Verteidigungsfall durch Bundesgesetz mit Zustimmung des Bundesrates die Verwaltung und das Finanzwesen des Bundes und der Länder abweichend von den Abschnitten VIII, VIII a und X geregelt werden, wobei die Lebensfähigkeit der Länder, Gemeinden und Gemeindeverbände, insbesondere auch in finanzieller Hinsicht, zu wahren ist.

(4) Bundesgesetze nach den Absätzen 1 und 2 Nr. 1 dürfen zur Vorbereitung ihres Vollzuges schon vor Eintritt des Verteidigungsfalles angewandt werden.

117 Absatz 3 geändert durch 21. Gesetz zur Änderung des Grundgesetzes.

Artikel 115d

(1) Für die Gesetzgebung des Bundes gilt im Verteidigungsfalle abweichend von Artikel 76 Abs. 2, Artikel 77 Abs. 1 Satz 2 und Abs. 2 bis 4, Artikel 78 und Artikel 82 Abs. 1 die Regelung der Absätze 2 und 3.

(2) Gesetzesvorlagen der Bundesregierung, die sie als dringlich bezeichnet, sind gleichzeitig mit der Einbringung beim Bundestage dem Bundesrate zuzuleiten. Bundestag und Bundesrat beraten diese Vorlagen unverzüglich gemeinsam. Soweit zu einem Gesetz die Zustimmung des Bundesrates erforderlich ist, bedarf es zum Zustandekommen des Gesetzes der Zustimmung der Mehrheit seiner Stimmen. Das Nähere regelt eine Geschäftsordnung, die vom Bundestage beschlossen wird und der Zustimmung des Bundesrates bedarf.[118]

(3) Für die Verkündung der Gesetze gilt Artikel 115a Abs. 3 Satz 2 entsprechend.

Artikel 115e[119]

(1) Stellt der Gemeinsame Ausschuß im Verteidigungsfalle mit einer Mehrheit von zwei Dritteln der abgegebenen Stimmen, mindestens mit der Mehrheit seiner Mitglieder fest, daß dem rechtzeitigen Zusammentritt des Bundestages unüberwindliche Hindernisse entgegenstehen oder daß dieser nicht beschlußfähig ist, so hat der Gemeinsame Ausschuß die Stellung von Bundestag und Bundesrat und nimmt deren Rechte einheitlich wahr.

(2) Durch ein Gesetz des Gemeinsamen Ausschusses darf das Grundgesetz weder geändert noch ganz oder teilweise außer Kraft oder außer Anwendung gesetzt werden. Zum Erlaß von Gesetzen nach Artikel 23 Abs. 1 Satz 2, Artikel 24 Abs. 1 oder Artikel 29 ist der Gemeinsame Ausschuß nicht befugt.

118 Vgl. GO für das Verfahren nach Art. 115d GG vom 23. 7. 1969 (BGBl. I S. 1100).

119 Absatz 2 geändert durch das Änderungsgesetz zu Nr. 32 (Einleitung).

Artikel 115f

(1) Die Bundesregierung kann im Verteidigungsfalle, soweit es die Verhältnisse erfordern,

1. den Bundesgrenzschutz im gesamten Bundesgebiete einsetzen;
2. außer der Bundesverwaltung auch den Landesregierungen und, wenn sie es für dringlich erachtet, den Landesbehörden Weisungen erteilen und diese Befugnis auf von ihr zu bestimmende Mitglieder der Landesregierungen übertragen.

(2) Bundestag, Bundesrat und der Gemeinsame Ausschuß sind unverzüglich von den nach Absatz 1 getroffenen Maßnahmen zu unterrichten.

Artikel 115g

Die verfassungsmäßige Stellung und die Erfüllung der verfassungsmäßigen Aufgaben des Bundesverfassungsgerichtes und seiner Richter dürfen nicht beeinträchtigt werden. Das Gesetz über das Bundesverfassungsgericht darf durch ein Gesetz des Gemeinsamen Ausschusses nur insoweit geändert werden, als dies auch nach Auffassung des Bundesverfassungsgerichtes zur Aufrechterhaltung der Funktionsfähigkeit des Gerichtes erforderlich ist. Bis zum Erlaß eines solchen Gesetzes kann das Bundesverfassungsgericht die zur Erhaltung der Arbeitsfähigkeit des Gerichtes erforderlichen Maßnahmen treffen. Beschlüsse nach Satz 2 und Satz 3 faßt das Bundesverfassungsgericht mit der Mehrheit der anwesenden Richter.

Artikel 115h

(1) Während des Verteidigungsfalles ablaufende Wahlperioden des Bundestages oder der Volksvertretungen der Länder enden sechs Monate nach Beendigung des Verteidigungsfalles. Die im Verteidigungsfalle ablaufende Amtszeit des Bundespräsidenten sowie bei vorzeitiger Erledigung seines Amtes die Wahrnehmung seiner Befugnisse durch

den Präsidenten des Bundesrates enden neun Monate nach Beendigung des Verteidigungsfalles. Die im Verteidigungsfalle ablaufende Amtszeit eines Mitgliedes des Bundesverfassungsgerichtes endet sechs Monate nach Beendigung des Verteidigungsfalles.

(2) Wird eine Neuwahl des Bundeskanzlers durch den Gemeinsamen Ausschuß erforderlich, so wählt dieser einen neuen Bundeskanzler mit der Mehrheit seiner Mitglieder; der Bundespräsident macht dem Gemeinsamen Ausschuß einen Vorschlag. Der Gemeinsame Ausschuß kann dem Bundeskanzler das Mißtrauen nur dadurch aussprechen, daß er mit der Mehrheit von zwei Dritteln seiner Mitglieder einen Nachfolger wählt.

(3) Für die Dauer des Verteidigungsfalles ist die Auflösung des Bundestages ausgeschlossen.

Artikel 115 i

(1) Sind die zuständigen Bundesorgane außerstande, die notwendigen Maßnahmen zur Abwehr der Gefahr zu treffen, und erfordert die Lage unabweisbar ein sofortiges selbständiges Handeln in einzelnen Teilen des Bundesgebietes, so sind die Landesregierungen oder die von ihnen bestimmten Behörden oder Beauftragten befugt, für ihren Zuständigkeitsbereich Maßnahmen im Sinne des Artikels 115 f Abs. 1 zu treffen.

(2) Maßnahmen nach Absatz 1 können durch die Bundesregierung, im Verhältnis zu Landesbehörden und nachgeordneten Bundesbehörden auch durch die Ministerpräsidenten der Länder, jederzeit aufgehoben werden.

Artikel 115 k[120]

(1) Für die Dauer ihrer Anwendbarkeit setzen Gesetze nach den Artikeln 115 c, 115 e und 115 g und Rechtsverordnungen, die auf Grund solcher Gesetze ergehen, entgegenstehendes Recht außer Anwendung. Dies gilt nicht gegen-

120 Absatz 3 geändert durch 21. Gesetz zur Änderung des Grundgesetzes.

über früherem Recht, das auf Grund der Artikel 115 c, 115 e und 115 g erlassen worden ist.

(2) Gesetze, die der Gemeinsame Ausschuß beschlossen hat, und Rechtsverordnungen, die auf Grund solcher Gesetze ergangen sind, treten spätestens sechs Monate nach Beendigung des Verteidigungsfalles außer Kraft.

(3) Gesetze, die von den Artikeln 91 a, 91 b, 104 a, 106 und 107 abweichende Regelungen enthalten, gelten längstens bis zum Ende des zweiten Rechnungsjahres, das auf die Beendigung des Verteidigungsfalles folgt. Sie können nach Beendigung des Verteidigungsfalles durch Bundesgesetz mit Zustimmung des Bundesrates geändert werden, um zu der Regelung gemäß den Abschnitten VIII a und X überzuleiten.

Artikel 115 l

(1) Der Bundestag kann jederzeit mit Zustimmung des Bundesrates Gesetze des Gemeinsamen Ausschusses aufheben. Der Bundesrat kann verlangen, daß der Bundestag hierüber beschließt. Sonstige zur Abwehr der Gefahr getroffene Maßnahmen des Gemeinsamen Ausschusses oder der Bundesregierung sind aufzuheben, wenn der Bundestag und der Bundesrat es beschließen.

(2) Der Bundestag kann mit Zustimmung des Bundesrates jederzeit durch einen vom Bundespräsidenten zu verkündenden Beschluß den Verteidigungsfall für beendet erklären. Der Bundesrat kann verlangen, daß der Bundestag hierüber beschließt. Der Verteidigungsfall ist unverzüglich für beendet zu erklären, wenn die Voraussetzungen für seine Feststellung nicht mehr gegeben sind.

(3) Über den Friedensschluß wird durch Bundesgesetz entschieden.

XI. ÜBERGANGS- UND SCHLUSSBESTIMMUNGEN

Artikel 116

(1) Deutscher im Sinne dieses Grundgesetzes ist vorbehaltlich anderweitiger gesetzlicher Regelung, wer die deutsche Staatsangehörigkeit besitzt oder als Flüchtling oder Vertriebener deutscher Volkszugehörigkeit oder als dessen Ehegatte oder Abkömmling in dem Gebiete des Deutschen Reiches nach dem Stande vom 31. Dezember 1937 Aufnahme gefunden hat.

(2) Frühere deutsche Staatsangehörige, denen zwischen dem 30. Januar 1933 und dem 8. Mai 1945 die Staatsangehörigkeit aus politischen, rassischen oder religiösen Gründen entzogen worden ist, und ihre Abkömmlinge sind auf Antrag wieder einzubürgern. Sie gelten als nicht ausgebürgert, sofern sie nach dem 8. Mai 1945 ihren Wohnsitz in Deutschland genommen haben und nicht einen entgegengesetzten Willen zum Ausdruck gebracht haben.

Artikel 117

(1) Das dem Artikel 3 Abs. 2 entgegenstehende Recht bleibt bis zu seiner Anpassung an diese Bestimmung des Grundgesetzes in Kraft, jedoch nicht länger als bis zum 31. März 1953.

(2) Gesetze, die das Recht der Freizügigkeit mit Rücksicht auf die gegenwärtige Raumnot einschränken, bleiben bis zu ihrer Aufhebung durch Bundesgesetz in Kraft.

Artikel 118[121]

Die Neugliederung in dem die Länder Baden, Württemberg-Baden und Württemberg-Hohenzollern umfassenden Gebiete kann abweichend von den Vorschriften des Artikels 29 durch Vereinbarung der beteiligten Länder erfolgen. Kommt eine Vereinbarung nicht zustande, so wird die

121 Die Neugliederung ist gemäß Gesetz vom 4. 5. 1951 (BGBl. I S. 284) durchgeführt.

Neugliederung durch Bundesgesetz geregelt, das eine Volksbefragung vorsehen muß.

Artikel 118a[122]

Die Neugliederung in dem die Länder Berlin und Brandenburg umfassenden Gebiet kann abweichend von den Vorschriften des Artikels 29 unter Beteiligung ihrer Wahlberechtigten durch Vereinbarung beider Länder erfolgen.

Artikel 119

In Angelegenheiten der Flüchtlinge und Vertriebenen, insbesondere zu ihrer Verteilung auf die Länder, kann bis zu einer bundesgesetzlichen Regelung die Bundesregierung mit Zustimmung des Bundesrates Verordnungen mit Gesetzeskraft erlassen. Für besondere Fälle kann dabei die Bundesregierung ermächtigt werden, Einzelweisungen zu erteilen. Die Weisungen sind außer bei Gefahr im Verzuge an die obersten Landesbehörden zu richten.

Artikel 120[123]

(1) Der Bund trägt die Aufwendungen für Besatzungskosten und die sonstigen inneren und äußeren Kriegsfolgelasten nach näherer Bestimmung von Bundesgesetzen. Soweit diese Kriegsfolgelasten bis zum 1. Oktober 1969 durch Bundesgesetze geregelt worden sind, tragen Bund und Länder im Verhältnis zueinander die Aufwendungen nach Maßgabe dieser Bundesgesetze. Soweit Aufwendungen für Kriegsfolgelasten, die in Bundesgesetzen weder geregelt worden sind noch geregelt werden, bis zum 1. Oktober 1965 von den Ländern, Gemeinden (Gemeindeverbänden) oder sonstigen Aufgabenträgern, die Aufgaben von Ländern oder Gemeinden erfüllen, erbracht worden sind, ist der Bund zur Übernahme von Aufwendungen dieser Art auch nach diesem

122 Eingefügt durch das Änderungsgesetz zu Nr. 36 (Einleitung).
123 Absatz 1 geändert durch 14. und 24. Gesetz zur Änderung des Grundgesetzes.

Zeitpunkt nicht verpflichtet. Der Bund trägt die Zuschüsse zu den Lasten der Sozialversicherung mit Einschluß der Arbeitslosenversicherung und der Arbeitslosenhilfe. Die durch diesen Absatz geregelte Verteilung der Kriegsfolgelasten auf Bund und Länder läßt die gesetzliche Regelung von Entschädigungsansprüchen für Kriegsfolgen unberührt.

(2) Die Einnahmen gehen auf den Bund zu demselben Zeitpunkte über, an dem der Bund die Ausgaben übernimmt.

Artikel 120a[124]

(1) Die Gesetze, die der Durchführung des Lastenausgleichs dienen, können mit Zustimmung des Bundesrates bestimmen, daß sie auf dem Gebiete der Ausgleichsleistungen teils durch den Bund, teils im Auftrage des Bundes durch die Länder ausgeführt werden und daß die der Bundesregierung und den zuständigen obersten Bundesbehörden auf Grund des Artikels 85 insoweit zustehenden Befugnisse ganz oder teilweise dem Bundesausgleichsamt übertragen werden. Das Bundesausgleichsamt bedarf bei Ausübung dieser Befugnisse nicht der Zustimmung des Bundesrates; seine Weisungen sind, abgesehen von den Fällen der Dringlichkeit, an die obersten Landesbehörden (Landesausgleichsämter) zu richten.

(2) Artikel 87 Abs. 3 Satz 2 bleibt unberührt.

Artikel 121

Mehrheit der Mitglieder des Bundestages und der Bundesversammlung im Sinne dieses Grundgesetzes ist die Mehrheit ihrer gesetzlichen Mitgliederzahl.

Artikel 122

(1) Vom Zusammentritt des Bundestages an werden die Gesetze ausschließlich von den in diesem Grundgesetze anerkannten gesetzgebenden Gewalten beschlossen.

124 Eingefügt durch Gesetz vom 14. 8. 1952 (BGBl. I S. 445).

(2) Gesetzgebende und bei der Gesetzgebung beratend mitwirkende Körperschaften, deren Zuständigkeit nach Absatz 1 endet, sind mit diesem Zeitpunkt aufgelöst.

Artikel 123

(1) Recht aus der Zeit vor dem Zusammentritt des Bundestages gilt fort, soweit es dem Grundgesetz nicht widerspricht.

(2) Die vom Deutschen Reich abgeschlossenen Staatsverträge, die sich auf Gegenstände beziehen, für die nach diesem Grundgesetze die Landesgesetzgebung zuständig ist, bleiben, wenn sie nach allgemeinen Rechtsgrundsätzen gültig sind und fortgelten, unter Vorbehalt aller Rechte und Einwendungen der Beteiligten in Kraft, bis neue Staatsverträge durch die nach diesem Grundgesetze zuständigen Stellen abgeschlossen werden oder ihre Beendigung auf Grund der in ihnen enthaltenen Bestimmungen anderweitig erfolgt.

Artikel 124

Recht, das Gegenstände der ausschließlichen Gesetzgebung des Bundes betrifft, wird innerhalb seines Geltungsbereiches Bundesrecht.

Artikel 125

Recht, das Gegenstände der konkurrierenden Gesetzgebung des Bundes betrifft, wird innerhalb seines Geltungsbereiches Bundesrecht.

1. soweit es innerhalb einer oder mehrerer Besatzungszonen einheitlich gilt,
2. soweit es sich um Recht handelt, durch das nach dem 8. Mai 1945 früheres Reichsrecht abgeändert worden ist.

Artikel 125 a[125]

(1) Recht, das als Bundesrecht erlassen worden ist, aber wegen Änderung des Artikels 74 Abs. 1 oder des Artikels 75

125 Eingefügt durch das Änderungsgesetz zu Nr. 36 (Einleitung).

Abs. 1 nicht mehr als Bundesrecht erlassen werden könnte, gilt als Bundesrecht fort. Es kann durch Landesrecht ersetzt werden.

(2) Recht, das auf Grund des Artikels 72 Abs. 2 in der bis zum 15. November 1994 geltenden Fassung erlassen worden ist, gilt als Bundesrecht fort. Durch Bundesgesetz kann bestimmt werden, daß es durch Landesrecht ersetzt werden kann. Entsprechendes gilt für Bundesrecht, das vor diesem Zeitpunkt erlassen worden ist und das nach Artikel 75 Abs. 2 nicht mehr erlassen werden könnte.

Artikel 126

Meinungsverschiedenheiten über das Fortgelten von Recht als Bundesrecht entscheidet das Bundesverfassungsgericht.

Artikel 127

Die Bundesregierung kann mit Zustimmung der Regierungen der beteiligten Länder Recht der Verwaltung des Vereinigten Wirtschaftsgebietes, soweit es nach Artikel 124 oder 125 als Bundesrecht fortgilt, innerhalb eines Jahres nach Verkündigung dieses Grundgesetzes in den Ländern Baden, Groß-Berlin, Rheinland-Pfalz und Württemberg-Hohenzollern in Kraft setzen.

Artikel 128

Soweit fortgeltendes Recht Weisungsrechte im Sinne des Artikels 84 Abs. 5 vorsieht, bleiben sie bis zu einer anderweitigen gesetzlichen Regelung bestehen.

Artikel 129

(1) Soweit in Rechtsvorschriften, die als Bundesrecht fortgelten, eine Ermächtigung zum Erlasse von Rechtsverordnungen oder allgemeinen Verwaltungsvorschriften sowie zur Vornahme von Verwaltungsakten enthalten ist, geht sie auf die nunmehr sachlich zuständigen Stellen über. In Zweifels-

fällen entscheidet die Bundesregierung im Einvernehmen mit dem Bundesrate; die Entscheidung ist zu veröffentlichen.

(2) Soweit in Rechtsvorschriften, die als Landesrecht fortgelten, eine solche Ermächtigung enthalten ist, wird sie von den nach Landesrecht zuständigen Stellen ausgeübt.

(3) Soweit Rechtsvorschriften im Sinne der Absätze 1 und 2 zu ihrer Änderung oder Ergänzung oder zum Erlaß von Rechtsvorschriften an Stelle von Gesetzen ermächtigen, sind die Ermächtigungen erloschen.

(4) Die Vorschriften der Absätze 1 und 2 gelten entsprechend, soweit in Rechtsvorschriften auf nicht mehr geltende Vorschriften oder nicht mehr bestehende Einrichtungen verwiesen ist.

Artikel 130

(1) Verwaltungsorgane und sonstige der öffentlichen Verwaltung oder Rechtspflege dienende Einrichtungen, die nicht auf Landesrecht oder Staatsverträgen zwischen Ländern beruhen, sowie die Betriebsvereinigung der südwestdeutschen Eisenbahnen und der Verwaltungsrat für das Post- und Fernmeldewesen für das französische Besatzungsgebiet unterstehen der Bundesregierung. Diese regelt mit Zustimmung des Bundesrates die Überführung, Auflösung oder Abwicklung.

(2) Oberster Disziplinarvorgesetzter der Angehörigen dieser Verwaltungen und Einrichtungen ist der zuständige Bundesminister.

(3) Nicht landesunmittelbare und nicht auf Staatsverträgen zwischen den Ländern beruhende Körperschaften und Anstalten des öffentlichen Rechtes unterstehen der Aufsicht der zuständigen obersten Bundesbehörde.

Artikel 131

Die Rechtsverhältnisse von Personen einschließlich der Flüchtlinge und Vertriebenen, die am 8. Mai 1945 im öffentlichen Dienste standen, aus anderen als beamten- oder tarifrechtlichen Gründen ausgeschieden sind und bisher nicht oder nicht ihrer früheren Stellung entsprechend verwendet werden, sind durch Bundesgesetz zu regeln. Entsprechendes gilt für Personen einschließlich der Flüchtlinge und Vertriebenen, die am 8. Mai 1945 versorgungsberechtigt waren und aus anderen als beamten- oder tarifrechtlichen Gründen keine oder keine entsprechende Versorgung mehr erhalten. Bis zum Inkrafttreten des Bundesgesetzes können vorbehaltlich anderweitiger landesrechtlicher Regelung Rechtsansprüche nicht geltend gemacht werden.

Artikel 132

(1) Beamte und Richter, die im Zeitpunkt des Inkrafttretens dieses Grundgesetzes auf Lebenszeit angestellt sind, können binnen sechs Monaten nach dem ersten Zusammentritt des Bundestages in den Ruhestand oder Wartestand oder in ein Amt mit niedrigerem Diensteinkommen versetzt werden, wenn ihnen die persönliche oder fachliche Eignung für ihr Amt fehlt. Auf Angestellte, die in einem unkündbaren Dienstverhältnis stehen, findet diese Vorschrift entsprechende Anwendung. Bei Angestellten, deren Dienstverhältnis kündbar ist, können über die tarifmäßige Regelung hinausgehende Kündigungsfristen innerhalb der gleichen Frist aufgehoben werden.

(2) Diese Bestimmung findet keine Anwendung auf Angehörige des öffentlichen Dienstes, die von den Vorschriften über die »Befreiung vom Nationalsozialismus und Militarismus« nicht betroffen oder die anerkannte Verfolgte des Nationalsozialismus sind, sofern nicht ein wichtiger Grund in ihrer Person vorliegt.

(3) Den Betroffenen steht der Rechtsweg gemäß Artikel 19 Abs. 4 offen.

(4) Das Nähere bestimmt eine Verordnung der Bundesregierung, die der Zustimmung des Bundesrates bedarf.

Artikel 133

Der Bund tritt in die Rechte und Pflichten der Verwaltung des Vereinigten Wirtschaftsgebietes ein.

Artikel 134

(1) Das Vermögen des Reiches wird grundsätzlich Bundesvermögen.

(2) Soweit es nach seiner ursprünglichen Zweckbestimmung überwiegend für Verwaltungsaufgaben bestimmt war, die nach diesem Grundgesetze nicht Verwaltungsaufgaben des Bundes sind, ist es unentgeltlich auf die nunmehr zuständigen Aufgabenträger und, soweit es nach seiner gegenwärtigen, nicht nur vorübergehenden Benutzung Verwaltungsaufgaben dient, die nach diesem Grundgesetz nunmehr von den Ländern zu erfüllen sind, auf die Länder zu übertragen. Der Bund kann auch sonstiges Vermögen den Ländern übertragen.

(3) Vermögen, das dem Reich von den Ländern und Gemeinden (Gemeindeverbänden) unentgeltlich zur Verfügung gestellt wurde, wird wiederum Vermögen der Länder und Gemeinden (Gemeindeverbände), soweit es nicht der Bund für eigene Verwaltungsaufgaben benötigt.

(4) Das Nähere regelt ein Bundesgesetz, das der Zustimmung des Bundesrates bedarf.

Artikel 135

(1) Hat sich nach dem 8. Mai 1945 bis zum Inkrafttreten dieses Grundgesetzes die Landeszugehörigkeit eines Gebietes geändert, so steht in diesem Gebiete das Vermögen des Landes, dem das Gebiet angehört hat, dem Lande zu, dem es jetzt angehört.

(2) Das Vermögen nicht mehr bestehender Länder und nicht mehr bestehender anderer Körperschaften und Anstalten des öffentlichen Rechtes geht, soweit es nach seiner ursprünglichen Zweckbestimmung überwiegend für Verwaltungsaufgaben bestimmt war, oder nach seiner gegenwärti-

gen, nicht nur vorübergehenden Benutzung überwiegend Verwaltungsaufgaben dient, auf das Land oder die Körperschaft oder Anstalt des öffentlichen Rechtes über, die nunmehr diese Aufgaben erfüllen.

(3) Grundvermögen nicht mehr bestehender Länder geht einschließlich des Zubehörs, soweit es nicht bereits zu Vermögen im Sinne des Absatzes 1 gehört, auf das Land über, in dessen Gebiet es gelegen ist.

(4) Sofern ein überwiegendes Interesse des Bundes oder das besondere Interesse eines Gebietes es erfordert, kann durch Bundesgesetz eine von den Absätzen 1 bis 3 abweichende Regelung getroffen werden.

(5) Im übrigen wird die Rechtsnachfolge und die Auseinandersetzung, soweit sie nicht bis zum 1. Januar 1952 durch Vereinbarung zwischen den beteiligten Ländern oder Körperschaften oder Anstalten des öffentlichen Rechtes erfolgt, durch Bundesgesetz geregelt, das der Zustimmung des Bundesrates bedarf.

(6) Beteiligungen des ehemaligen Landes Preußen an Unternehmen des privaten Rechtes gehen auf den Bund über. Das Nähere regelt ein Bundesgesetz, das auch Abweichendes bestimmen kann.

(7) Soweit über Vermögen, das einem Lande oder einer Körperschaft oder Anstalt des öffentlichen Rechtes nach den Absätzen 1 bis 3 zufallen würde, von dem danach Berechtigten durch ein Landesgesetz, auf Grund eines Landesgesetzes oder in anderer Weise bei Inkrafttreten des Grundgesetzes verfügt worden war, gilt der Vermögensübergang als vor der Verfügung erfolgt.

Artikel 135 a[126]

(1) Durch die in Artikel 134 Abs. 4 und Artikel 135 Abs. 5 vorbehaltene Gesetzgebung des Bundes kann auch bestimmt werden, daß nicht oder nicht in voller Höhe zu erfüllen sind

126 Absatz 1 eingefügt durch Gesetz vom 22. 10. 1957 (BGBl. I S. 1745); Absatz 2 eingefügt durch Art. 4 EVertr.

1. Verbindlichkeiten des Reiches sowie Verbindlichkeiten des ehemaligen Landes Preußen und sonstiger nicht mehr bestehender Körperschaften und Anstalten des öffentlichen Rechts,
2. Verbindlichkeiten des Bundes oder anderer Körperschaften und Anstalten des öffentlichen Rechts, welche mit dem Übergang von Vermögenswerten nach Artikel 89, 90, 134 und 135 im Zusammenhang stehen, und Verbindlichkeiten dieser Rechtsträger, die auf Maßnahmen der in Nummmer 1 bezeichneten Rechtsträger beruhen,
3. Verbindlichkeiten der Länder und Gemeinden (Gemeindeverbände), die aus Maßnahmen entstanden sind, welche diese Rechtsträger vor dem 1. August 1945 zur Durchführung von Anordnungen der Besatzungsmächte oder zur Beseitigung eines kriegsbedingten Notstandes im Rahmen dem Reich obliegender oder vom Reich übertragener Verwaltungsaufgaben getroffen haben.

(2) Absatz 1 findet entsprechende Anwendung auf Verbindlichkeiten der Deutschen Demokratischen Republik oder ihrer Rechtsträger sowie auf Verbindlichkeiten des Bundes oder anderer Körperschaften und Anstalten des öffentlichen Rechts, die mit dem Übergang von Vermögenswerten der Deutschen Demokratischen Republik auf Bund, Länder und Gemeinden im Zusammenhang stehen, und auf Verbindlichkeiten, die auf Maßnahmen der Deutschen Demokratischen Republik oder ihrer Rechtsträger beruhen.

Artikel 136

(1) Der Bundesrat tritt erstmalig am Tage des ersten Zusammentrittes des Bundestages zusammen.

(2) Bis zur Wahl des ersten Bundespräsidenten werden dessen Befugnisse von dem Präsidenten des Bundesrates ausgeübt. Das Recht der Auflösung des Bundestages steht ihm nicht zu.

Artikel 137

(1) Die Wählbarkeit von Beamten, Angestellten des öffentlichen Dienstes, Berufssoldaten, freiwilligen Soldaten auf Zeit und Richtern im Bund, in den Ländern und Gemeinden kann gesetzlich beschränkt werden.[127]

(2) Für die Wahl des ersten Bundestages, der ersten Bundesversammlung und des ersten Bundespräsidenten der Bundesrepublik gilt das vom Parlamentarischen Rat zu beschließende Wahlgesetz.

(3) Die dem Bundesverfassungsgerichte gemäß Artikel 41 Abs. 2 zustehende Befugnis wird bis zu seiner Errichtung von dem Deutschen Obergericht für das Vereinigte Wirtschaftsgebiet wahrgenommen, das nach Maßgabe seiner Verfahrensordnung entscheidet.

Artikel 138

Änderungen der Einrichtungen des jetzt bestehenden Notariats in den Ländern Baden, Bayern, Württemberg-Baden und Württemberg-Hohenzollern bedürfen der Zustimmung der Regierungen dieser Länder.

Artikel 139

Die zur »Befreiung des deutschen Volkes vom Nationalsozialismus und Militarismus« erlassenen Rechtsvorschriften werden von den Bestimmungen dieses Grundgesetzes nicht berührt.

Artikel 140

Die Bestimmungen der Artikel 136, 137, 138, 139 und 141 der deutschen Verfassung vom 11. August 1919[128] sind Bestandteil dieses Grundgesetzes.

127 Geändert durch Gesetz vom 19. 3. 1956 (BGBl. I S. 111).

128 *Art. 136 Weim. Verf.*
Die bürgerlichen Rechte und staatsbürgerlichen Rechte und Pflichten werden durch die Ausübung der Religionsfreiheit weder bedingt noch beschränkt.

Artikel 141

Artikel 7 Abs. 3 Satz 1 findet keine Anwendung in einem Lande, in dem am 1. Januar 1949 eine andere landesrechtliche Regelung bestand.

Artikel 142

Ungeachtet der Vorschrift des Artikels 31 bleiben Bestimmungen der Landesverfassungen auch insoweit in Kraft, als sie in Übereinstimmung mit den Artikeln 1 bis 18 dieses Grundgesetzes Grundrechte gewährleisten.

Der Genuß bürgerlicher und staatsbürgerlicher Rechte sowie die Zulassung zu öffentlichen Ämtern sind unabhängig von dem religiösen Bekenntnis.

Niemand ist verpflichtet, seine religiöse Überzeugung zu offenbaren. Die Behörden haben nur soweit das Recht, nach der Zugehörigkeit zu einer Religionsgesellschaft zu fragen, als davon Rechte und Pflichten abhängen oder eine gesetzlich angeordnete statistische Erhebung dies erfordert.

Niemand darf zu einer kirchlichen Handlung oder Feierlichkeit oder zur Teilnahme an religiösen Übungen oder zur Benutzung einer religiösen Eidesform gezwungen werden.

Art. 137 Weim. Verf.

Es besteht keine Staatskirche.

Die Freiheit der Vereinigung zu Religionsgesellschaften wird gewährleistet. Der Zusammenschluß von Religionsgesellschaften innerhalb des Reichsgebietes unterliegt keinen Beschränkungen.

Jede Religionsgesellschaft ordnet und verwaltet ihre Angelegenheiten selbständig innerhalb der Schranken des für alle geltenden Gesetzes. Sie verleiht ihre Ämter ohne Mitwirkung des Staates oder der bürgerlichen Gemeinde.

Religionsgesellschaften erwerben die Rechtsfähigkeit nach den allgemeinen Vorschriften des bürgerlichen Rechtes.

Die Religionsgesellschaften bleiben Körperschaften des öffentlichen Rechtes, soweit sie solche bisher waren. Anderen Religionsgesellschaften sind auf ihren Antrag gleiche Rechte zu gewähren, wenn sie durch ihre Verfassung und die Zahl ihrer Mitglieder die Gewähr der Dauer bieten. Schließen sich mehrere derartige öffentlich-rechtliche Religionsgesellschaften zu einem Verbande zusammen, so ist auch dieser Verband eine öffentlich-rechtliche Körperschaft.

Die Religionsgesellschaften, welche Körperschaften des öffentlichen Rechtes sind, sind berechtigt, auf Grund der bürgerlichen Steuerlisten nach Maßgabe der landesrechtlichen Bestimmungen Steuern zu erheben.

Artikel 142 a[129]

Artikel 143[130]

(1) Recht in dem in Artikel 3 des Einigungsvertrags genannten Gebiet kann längstens bis zum 31. Dezember 1992 von Bestimmungen dieses Grundgesetzes abweichen, soweit und solange infolge der unterschiedlichen Verhältnisse die völlige Anpassung an die grundgesetzliche Ordnung noch nicht erreicht werden kann. Abweichungen dürfen nicht gegen Artikel 19 Abs. 2 verstoßen und müssen mit den in Artikel 79 Abs. 3 genannten Grundsätzen vereinbar sein.

Den Religionsgesellschaften werden die Vereinigungen gleichgestellt, die sich die gemeinschaftliche Pflege einer Weltanschauung zur Aufgabe machen.

Soweit die Durchführung dieser Bestimmungen eine weitere Regelung erfordert, liegt diese der Landesgesetzgebung ob.

Art. 138 Weim. Verf.

Die auf Gesetz, Vertrag oder besonderen Rechtstiteln beruhenden Staatsleistungen an die Religionsgesellschaften werden durch die Landesgesetzgebung abgelöst. Die Grundsätze hierfür stellt das Reich auf.

Das Eigentum und andere Rechte der Religionsgesellschaften und religiösen Vereine an ihren für Kultus-, Unterrichts- und Wohltätigkeitszwecke bestimmten Anstalten, Stiftungen und sonstigen Vermögen werden gewährleistet.

Art. 139 Weim. Verf.

Der Sonntag und die staatlich anerkannten Feiertage bleiben als Tage der Arbeitsruhe und der seelischen Erhebung gesetzlich geschützt.

Art. 141 Weim. Verf.

Soweit das Bedürfnis nach Gottesdienst und Seelsorge im Heer, in Krankenhäusern, Strafanstalten und sonstigen öffentlichen Anstalten besteht, sind die Religionsgesellschaften zur Vornahme religiöser Handlungen zuzulassen, wobei jeder Zwang fernzuhalten ist.

129 Eingefügt durch Gesetz vom 26. 3. 1954 (BGBl. I S. 45), aufgehoben durch 17. Gesetz zur Ergänzung des Grundgesetzes.

130 Zunächst aufgehoben durch Gesetz vom 30. 8. 1951 (BGBl. I S. 211), mit neuem Inhalt wieder eingefügt durch Gesetz vom 19. 3. 1956 (BGBl. I S. 111) und wieder aufgehoben durch 17. Gesetz zur Ergänzung des Grundgesetzes. – In einer Neufassung eingefügt durch Art. 4 EVertr.

(2) Abweichungen von den Abschnitten II, VIII, VIII a, IX, X und XI sind längstens bis zum 31. Dezember 1995 zulässig.

(3) Unabhängig von Absatz 1 und 2 haben Artikel 41 des Einigungsvertrags und Regelungen zu seiner Durchführung auch insoweit Bestand, als sie vorsehen, daß Eingriffe in das Eigentum auf dem in Artikel 3 dieses Vertrags genannten Gebiet nicht mehr rückgängig gemacht werden.

Artikel 143 a[131]

(1) Der Bund hat die ausschließliche Gesetzgebung über alle Angelegenheiten, die sich aus der Umwandlung der in bundeseigener Verwaltung geführten Bundeseisenbahnen in Wirtschaftsunternehmen ergeben. Artikel 87 e Abs. 5 findet entsprechende Anwendung. Beamte der Bundeseisenbahnen können durch Gesetz unter Wahrung ihrer Rechtsstellung und der Verantwortung des Dienstherrn einer privatrechtlich organisierten Eisenbahn des Bundes zur Dienstleistung zugewiesen werden.

(2) Gesetze nach Absatz 1 führt der Bund aus.

(3) Die Erfüllung der Aufgaben im Bereich des Schienenpersonennahverkehrs der bisherigen Bundeseisenbahnen ist bis zum 31. Dezember 1995 Sache des Bundes. Dies gilt auch für die entsprechenden Aufgaben der Eisenbahnverkehrsverwaltung. Das Nähere wird durch Bundesgesetz geregelt, das der Zustimmung des Bundesrates bedarf.

Artikel 143 b[132]

(1) Das Sondervermögen Deutsche Bundespost wird nach Maßgabe eines Bundesgesetzes in Unternehmen privater Rechtsform umgewandelt. Der Bund hat die ausschließliche Gesetzgebung über alle sich hieraus ergebenden Angelegenheiten.

131 Eingefügt durch das Änderungsgesetz zu Nr. 34 (Einleitung).
132 Eingefügt durch das Änderungsgesetz zu Nr. 35 (Einleitung).

(2) Die vor der Umwandlung bestehenden ausschließlichen Rechte des Bundes können durch Bundesgesetz für eine Übergangszeit den aus der Deutschen Bundespost POSTDIENST und der Deutschen Bundespost TELEKOM hervorgegangenen Unternehmen verliehen werden. Die Kapitalmehrheit am Nachfolgeunternehmen der Deutschen Bundespost POSTDIENST darf der Bund frühestens fünf Jahre nach Inkrafttreten des Gesetzes aufgeben. Dazu bedarf es eines Bundesgesetzes mit Zustimmung des Bundesrates.

(3) Die bei der Deutschen Bundespost tätigen Bundesbeamten werden unter Wahrung ihrer Rechtsstellung und der Verantwortung des Dienstherrn bei den privaten Unternehmen beschäftigt. Die Unternehmen üben Dienstherrenbefugnisse aus. Das Nähere bestimmt ein Bundesgesetz.

Artikel 144

(1) Dieses Grundgesetz bedarf der Annahme durch die Volksvertretungen in zwei Dritteln der deutschen Länder, in denen es zunächst gelten soll.

(2) Soweit die Anwendung dieses Grundgesetzes in einem der in Artikel 23[133] aufgeführten Länder oder in einem Teile eines dieser Länder Beschränkungen unterliegt, hat das Land oder der Teil des Landes das Recht, gemäß Artikel 38 Vertreter in den Bundestag und gemäß Artikel 50 Vertreter in den Bundesrat zu entsenden.

Artikel 145

(1) Der Parlamentarische Rat stellt in öffentlicher Sitzung unter Mitwirkung der Abgeordneten Groß-Berlins die Annahme dieses Grundgesetzes fest, fertigt es aus und verkündet es.

(2) Dieses Grundgesetz tritt mit Ablauf des Tages der Verkündung[134] in Kraft.

(3) Es ist im Bundesgesetzblatte zu veröffentlichen.

133 Bezieht sich auf die durch den EVertr. aufgehobene alte Fassung des Art. 23.

134 Verkündet am 23. 5. 1949.

Artikel 146[135]

Dieses Grundgesetz, das nach Vollendung der Einheit und Freiheit Deutschlands für das gesamte deutsche Volk gilt, verliert seine Gültigkeit an dem Tage, an dem eine Verfassung in Kraft tritt, die von dem deutschen Volke in freier Entscheidung beschlossen worden ist.

135 Neugefaßt durch Art. 4 EVertr.

II

GESETZ ÜBER DAS BUNDESVERFASSUNGSGERICHT

(Bundesverfassungsgerichtsgesetz – BVerfGG)

vom 12. März 1951 (BGBl. I S. 243), in der Fassung der Bekanntmachung vom 11. August 1993 (BGBl. I S. 1473), geändert durch Gesetz vom 16. Juli 1998 (BGBl. I S. 1823).

I. TEIL

Verfassung und Zuständigkeit des Bundesverfassungsgerichts

§ 1

(1) Das Bundesverfassungsgericht ist ein allen übrigen Verfassungsorganen gegenüber selbständiger und unabhängiger Gerichtshof des Bundes.

(2) Der Sitz des Bundesverfassungsgerichts ist Karlsruhe.

(3) Das Bundesverfassungsgericht gibt sich eine Geschäftsordnung, die das Plenum beschließt.[1]

§ 2

(1) Das Bundesverfassungsgericht besteht aus zwei Senaten.

(2) In jeden Senat werden acht Richter gewählt.

(3) Drei Richter jedes Senats werden aus der Zahl der Richter an den obersten Gerichtshöfen des Bundes gewählt. Gewählt werden sollen nur Richter, die wenigstens drei Jahre an einem obersten Gerichtshof des Bundes tätig gewesen sind.

1 GeschO vom 15. 12. 1986 (BGBl. I S. 2529), geändert am 11. 7. 1989 (BGBl. I S. 1571), am 18. 12. 1995 (BGBl. 1996 I S. 474) und gemäß Bekanntmachung vom 7. 1. 2002 (BGBl. I S. 1171).

§ 3

(1) Die Richter müssen das 40. Lebensjahr vollendet haben, zum Bundestag wählbar sein und sich schriftlich bereit erklärt haben, Mitglied des Bundesverfassungsgerichts zu werden.

(2) Sie müssen die Befähigung zum Richteramt nach dem Deutschen Richtergesetz besitzen.[2]

(3) Sie können weder dem Bundestag, dem Bundesrat, der Bundesregierung noch den entsprechenden Organen eines Landes angehören. Mit ihrer Ernennung scheiden sie aus solchen Organen aus.

(4) Mit der richterlichen Tätigkeit ist eine andere berufliche Tätigkeit als die eines Lehrers des Rechts an einer deutschen Hochschule unvereinbar. Die Tätigkeit als Richter des Bundesverfassungsgerichts geht der Tätigkeit als Hochschullehrer vor.

§ 4

(1) Die Amtszeit der Richter dauert zwölf Jahre, längstens bis zur Altersgrenze.

(2) Eine anschließende oder spätere Wiederwahl der Richter ist ausgeschlossen.

(3) Altersgrenze ist das Ende des Monats, in dem der Richter das 68. Lebensjahr vollendet.

(4) Nach Ablauf der Amtszeit führen die Richter ihre Amtsgeschäfte bis zur Ernennung des Nachfolgers fort.

§ 5

(1) Die Richter jedes Senats werden je zur Hälfte vom Bundestag und vom Bundesrat gewählt. Von den aus der Zahl der Richter an den obersten Gerichtshöfen des Bundes zu berufenden Richtern werden einer von dem einen, zwei

2 Nach Anlage I Kap. III F des EVertr. gilt § 3 Abs. 2 für Personen, die bis zu ihrer Wahl zum Bundesverfassungsrichter im Gebiet der ehemaligen DDR tätig sind, mit der Abweichung, daß die Befähigung als Diplomjurist ausreicht.

von dem anderen Wahlorgan, von den übrigen Richtern drei von dem einen, zwei von dem anderen Wahlorgan in die Senate gewählt.

(2) Die Richter werden frühestens drei Monate vor Ablauf der Amtszeit ihrer Vorgänger oder, wenn der Bundestag in dieser Zeit aufgelöst ist, innerhalb eines Monats nach dem ersten Zusammentritt des Bundestages gewählt.

(3) Scheidet ein Richter vorzeitig aus, so wird der Nachfolger innerhalb eines Monats von demselben Bundesorgan gewählt, das den ausgeschiedenen Richter gewählt hat.

§ 6

(1) Die vom Bundestag zu berufenden Richter werden in indirekter Wahl gewählt.

(2) Der Bundestag wählt nach den Regeln der Verhältniswahl einen Wahlausschuß für die Richter des Bundesverfassungsgerichts, der aus zwölf Mitgliedern des Bundestages besteht. Jede Fraktion kann einen Vorschlag einbringen. Aus den Summen der für jeden Vorschlag abgegebenen Stimmen wird nach dem Höchstzahlverfahren (d'Hondt) die Zahl der auf jeden Vorschlag gewählten Mitglieder errechnet. Gewählt sind die Mitglieder in der Reihenfolge, in der ihr Name auf dem Vorschlag erscheint. Scheidet ein Mitglied des Wahlausschusses aus oder ist es verhindert, so wird es durch das nächste auf der gleichen Liste vorgeschlagene Mitglied ersetzt.

(3) Das älteste Mitglied des Wahlausschusses beruft die Mitglieder des Wahlausschusses unverzüglich unter Einhaltung einer Ladungsfrist von einer Woche zur Durchführung der Wahl und leitet die Sitzung, die fortgesetzt wird, bis alle Richter gewählt sind.

(4) Die Mitglieder des Wahlausschusses sind zur Verschwiegenheit über die ihnen durch ihre Tätigkeit im Wahlausschuß bekanntgewordenen persönlichen Verhältnisse der Bewerber sowie über die hierzu im Wahlausschuß gepflogenen Erörterungen und über die Abstimmung verpflichtet.

(5) Zum Richter ist gewählt, wer mindestens acht Stimmen auf sich vereinigt.

§ 7

Die vom Bundesrat zu berufenden Richter werden mit zwei Dritteln der Stimmen des Bundesrates gewählt.

§ 7a

(1) Kommt innerhalb von zwei Monaten nach dem Ablauf der Amtszeit oder dem vorzeitigen Ausscheiden eines Richters die Wahl eines Nachfolgers auf Grund der Vorschriften des § 6 nicht zustande, so hat das älteste Mitglied des Wahlausschusses unverzüglich das Bundesverfassungsgericht aufzufordern, Vorschläge für die Wahl zu machen.

(2) Das Plenum des Bundesverfassungsgerichts beschließt mit einfacher Mehrheit, wer zur Wahl als Richter vorgeschlagen wird. Ist nur ein Richter zu wählen, so hat das Bundesverfassungsgericht drei Personen vorzuschlagen; sind gleichzeitig mehrere Richter zu wählen, so hat das Bundesverfassungsgericht doppelt so viele Personen vorzuschlagen, als Richter zu wählen sind. § 16 Abs. 2 gilt entsprechend.

(3) Ist der Richter vom Bundesrat zu wählen, so gelten die Absätze 1 und 2 mit der Maßgabe, daß an die Stelle des ältesten Mitglieds des Wahlausschusses der Präsident des Bundesrates oder sein Stellvertreter tritt.

(4) Das Recht des Wahlorgans, einen nicht vom Bundesverfassungsgericht Vorgeschlagenen zu wählen, bleibt unberührt.

§ 8

(1) Das Bundesministerium der Justiz stellt eine Liste aller Bundesrichter auf, die die Voraussetzungen des § 3 Abs. 1 und 2 erfüllen.

(2) Das Bundesministerium der Justiz führt eine weitere Liste, in die alle Personen aufzunehmen sind, die von einer Fraktion des Bundestages, der Bundesregierung oder einer Landesregierung für das Amt eines Richters am Bundesver-

fassungsgericht vorgeschlagen werden und die die Voraussetzungen des § 3 Abs. 1 und 2 erfüllen.

(3) Die Listen sind laufend zu ergänzen und spätestens eine Woche vor einer Wahl den Präsidenten des Bundestages und des Bundesrates zuzuleiten.

§ 9

(1) Bundestag und Bundesrat wählen im Wechsel den Präsidenten des Bundesverfassungsgerichts und den Vizepräsidenten. Der Vizepräsident ist aus dem Senat zu wählen, dem der Präsident nicht angehört.

(2) Bei der ersten Wahl wählt der Bundestag den Präsidenten, der Bundesrat den Vizepräsidenten.

(3) Die Vorschriften der §§ 6 und 7 gelten entsprechend.

§ 10

Der Bundespräsident ernennt die Gewählten.

§ 11

(1) Die Richter des Bundesverfassungsgerichts leisten bei Antritt ihres Amtes vor dem Bundespräsidenten folgenden Eid:

> »Ich schwöre, daß ich als gerechter Richter allezeit das Grundgesetz der Bundesrepublik Deutschland getreulich wahren und meine richterlichen Pflichten gegenüber jedermann gewissenhaft erfüllen werde. So wahr mir Gott helfe.«

Wird der Eid durch eine Richterin geleistet, so treten an die Stelle der Worte »als gerechter Richter« die Worte »als gerechte Richterin«.

(2) Bekennt sich der Richter zu einer Religionsgemeinschaft, deren Angehörigen das Gesetz die Verwendung einer anderen Beteuerungsformel gestattet, so kann er diese gebrauchen.

(3) Der Eid kann auch ohne religiöse Beteuerungsformel geleistet werden.

§ 12

Die Richter des Bundesverfassungsgerichts können jederzeit ihre Entlassung aus dem Amt beantragen. Der Bundespräsident hat die Entlassung auszusprechen.

§ 13

Das Bundesverfassungsgericht entscheidet

1. über die Verwirkung von Grundrechten (Artikel 18 des Grundgesetzes),
2. über die Verfassungswidrigkeit von Parteien (Artikel 21 Abs. 2 des Grundgesetzes),
3. über Beschwerden gegen Entscheidungen des Bundestages, die die Gültigkeit einer Wahl oder den Erwerb oder Verlust der Mitgliedschaft eines Abgeordneten beim Bundestag betreffen (Artikel 41 Abs. 2 des Grundgesetzes),
4. über Anklagen des Bundestages oder des Bundesrates gegen den Bundespräsidenten (Artikel 61 des Grundgesetzes),
5. über die Auslegung des Grundgesetzes aus Anlaß von Streitigkeiten über den Umfang der Rechte und Pflichten eines obersten Bundesorgans oder anderer Beteiligter, die durch das Grundgesetz oder in der Geschäftsordnung eines obersten Bundesorgans mit eigenen Rechten ausgestattet sind (Artikel 93 Abs. 1 Nr. 1 des Grundgesetzes),
6. bei Meinungsverschiedenheiten oder Zweifeln über die förmliche oder sachliche Vereinbarkeit von Bundesrecht oder Landesrecht mit dem Grundgesetz oder die Vereinbarkeit von Landesrecht mit sonstigem Bundesrecht auf Antrag der Bundesregierung, einer Landesregierung oder eines Drittels der Mitglieder des Bundestages (Artikel 93 Abs. 1 Nr. 2 des Grundgesetzes),

6a. bei Meinungsverschiedenheiten, ob ein Gesetz den Voraussetzungen des Artikels 72 Abs. 2 des Grundgesetzes entspricht, auf Antrag des Bundesrates, einer Landesregierung oder der Volksvertretung eines Landes (Artikel 93 Abs. 1 Nr. 2a des Grundgesetzes),

7. bei Meinungsverschiedenheiten über Rechte und Pflichten des Bundes und der Länder, insbesondere bei der Ausführung von Bundesrecht durch die Länder und bei der Ausübung der Bundesaufsicht (Artikel 93 Abs. 1 Nr. 3 und Artikel 84 Abs. 4 Satz 2 des Grundgesetzes),
8. in anderen öffentlich-rechtlichen Streitigkeiten zwischen dem Bund und den Ländern, zwischen verschiedenen Ländern oder innerhalb eines Landes, soweit nicht ein anderer Rechtsweg gegeben ist (Artikel 93 Abs. 1 Nr. 4 des Grundgesetzes),

8a. über Verfassungsbeschwerden (Artikel 93 Abs. 1 Nr. 4a und 4b des Grundgesetzes),

9. über Richteranklagen gegen Bundesrichter und Landesrichter (Artikel 98 Abs. 2 und 5 des Grundgesetzes),
10. über Verfassungsstreitigkeiten innerhalb eines Landes, wenn diese Entscheidung durch Landesgesetz dem Bundesverfassungsgericht zugewiesen ist (Artikel 99 des Grundgesetzes),
11. über die Vereinbarkeit eines Bundesgesetzes oder eines Landesgesetzes mit dem Grundgesetz oder die Vereinbarkeit eines Landesgesetzes oder sonstigen Landesrechts mit einem Bundesgesetz auf Antrag eines Gerichts (Artikel 100 Abs. 1 des Grundgesetzes),

11a. über die Vereinbarkeit eines Beschlusses des Deutschen Bundestages zur Einsetzung eines Untersuchungsausschusses mit dem Grundgesetz auf Vorlage nach § 36 Abs. 2 des Untersuchungsausschußgesetzes,

12. bei Zweifeln darüber, ob eine Regel des Völkerrechts Bestandteil des Bundesrechts ist und ob sie unmittelbar Rechte und Pflichten für den einzelnen erzeugt, auf Antrag des Gerichts (Artikel 100 Abs. 2 des Grundgesetzes),
13. wenn das Verfassungsgericht eines Landes bei der Auslegung des Grundgesetzes von einer Entscheidung des Bundesverfassungsgerichts oder des Verfassungsgerichts eines

anderen Landes abweichen will, auf Antrag dieses Verfassungsgerichts (Artikel 100 Abs. 3 des Grundgesetzes),
14. bei Meinungsverschiedenheiten über das Fortgelten von Recht als Bundesrecht (Artikel 126 des Grundgesetzes),
15. in den ihm sonst durch Bundesgesetz zugewiesenen Fällen (Artikel 93 Abs. 2 des Grundgesetzes).

§ 14

(1) Der Erste Senat des Bundesverfassungsgerichts ist zuständig für Normenkontrollverfahren (§ 13 Nr. 6 und 11), in denen überwiegend die Unvereinbarkeit einer Vorschrift mit Grundrechten oder Rechten aus den Artikeln 33, 101, 103 und 104 des Grundgesetzes geltend gemacht wird, sowie für Verfassungsbeschwerden mit Ausnahme der Verfassungsbeschwerden nach § 91 und der Verfassungsbeschwerden aus dem Bereich des Wahlrechts. Das Gleiche gilt, wenn eine Landesregierung zusammen mit einem Normenkontrollantrag (§ 13 Nr. 6) nach Satz 1 einen Antrag nach § 13 Nr. 6a stellt.

(2) Der Zweite Senat des Bundesverfassungsgerichts ist zuständig in den Fällen des § 13 Nr. 1 bis 5, 6a bis 9, 11a, 12 und 14, ferner für Normenkontrollverfahren und Verfassungsbeschwerden, die nicht dem Ersten Senat zugewiesen sind.

(3) In den Fällen des § 13 Nr. 10 und 13 bestimmt sich die Zuständigkeit der Senate nach der Regel der Absätze 1 und 2.

(4) Das Plenum des Bundesverfassungsgerichts kann mit Wirkung vom Beginn des nächsten Geschäftsjahres die Zuständigkeit der Senate abweichend von den Absätzen 1 bis 3 regeln, wenn dies infolge einer nicht nur vorübergehenden Überlastung eines Senats unabweislich geworden ist. Die Regelung gilt auch für anhängige Verfahren, bei denen noch keine mündliche Verhandlung oder Beratung der Entscheidung stattgefunden hat. Der Beschluß wird im Bundesgesetzblatt bekanntgemacht.[3]

3 Beschluß des Plenums des BVerfG vom 15. November 1993 gemäß § 14 Abs. 4 des Bundesverfassungsgerichtsgesetzes.

(5) Wenn zweifelhaft ist, welcher Senat für ein Verfahren zuständig ist, so entscheidet darüber ein Ausschuß, der aus dem Präsidenten, dem Vizepräsidenten und vier Richtern

A.

Mit Wirkung vom 1. Januar 1994 ist abweichend von § 14 Abs. 1 bis 3 des Bundesverfassungsgerichtsgesetzes der Zweite Senat des BVerfG auch zuständig:

I. für Normenkontrollverfahren (§ 13 Nr. 6 und Nr. 11 des Bundesverfassungsgerichtsgesetzes) und Verfassungsbeschwerden aus den Rechtsbereichen
   1. des Asylrechts;
   2. des Ausländergesetzes und der internationalen Rechtshilfe in Strafsachen;
   3. des Staatsangehörigkeitsrechts;
   4. des öffentlichen Dienstes und der Dienstverhältnisse zu Religionsgesellschaften, deren Recht dem Recht des öffentlichen Dienstes nachgebildet ist, einschließlich des jeweiligen Disziplinarrechts;
   5. des Wehr- und Ersatzdienstes einschließlich des diesen Bereich betreffenden Disziplinarrechts;
   6. des Strafrechts und des Strafverfahrensrechts mit Ausnahme von Verfahren, in denen Fragen der Auslegung und Anwendung des Artikels 5 oder des Artikels 8 des Grundgesetzes überwiegen;
   7. des Vollzugs von Untersuchungs- und Strafhaft und von freiheitsentziehenden Maßregeln der Sicherung und Besserung sowie der Anordnung und des Vollzugs anderer Freiheitsentziehungen;
   8. des Bußgeldverfahrens;
   9. des Einkommensteuerrechts einschließlich des Kirchensteuerrechts;

II. 1. im übrigen für Normenkontrollverfahren und Verfassungsbeschwerden,
      a) bei denen die Auslegung und Anwendung von Völkerrecht oder primärem Europarecht von erheblicher Bedeutung sind;
      b) bei denen andere Fragen als solche der Auslegung und Anwendung der Artikel 1 bis 17, 19, 101 und 103 Abs. 1 des Grundgesetzes (auch in Verbindung mit dem Rechtsstaatsprinzip) überwiegen;
   2. darüber hinaus für Verfassungsbeschwerden aus dem Bereich der Zivilgerichtsbarkeit (mit Ausnahme des Familienrechts und des Erbrechts) von Beschwerdeführern mit den Anfangsbuchstaben L–Z, in denen Fragen einer Verletzung der Rechte aus Artikel 101 Abs. 1 oder Artikel 103 Abs. 1 des Grundgesetzes überwiegen.

B.

Für bis zum 31. Dezember 1993 anhängig werdende Verfahren verbleibt es bei der bisherigen Senatszuständigkeit.

besteht, von denen je zwei von jedem Senat für die Dauer des Geschäftsjahres berufen werden. Bei Stimmengleichheit gibt die Stimme des Vorsitzenden den Ausschlag.

§ 15

(1) Der Präsident des Bundesverfassungsgerichts und der Vizepräsident führen den Vorsitz in ihrem Senat. Sie werden von dem dienstältesten, bei gleichem Dienstalter von dem lebensältesten anwesenden Richter des Senats vertreten.

(2) Jeder Senat ist beschlußfähig, wenn mindestens sechs Richter anwesend sind. Ist ein Senat in einem Verfahren von besonderer Dringlichkeit nicht beschlußfähig, ordnet der Vorsitzende ein Losverfahren an, durch das so lange Richter des anderen Senats als Vertreter bestimmt werden, bis die Mindestzahl erreicht ist. Die Vorsitzenden der Senate können nicht als Vertreter bestimmt werden. Das Nähere regelt die Geschäftsordnung.

(3) Nach Beginn der Beratung einer Sache können weitere Richter nicht hinzutreten. Wird der Senat beschlußunfähig, muß die Beratung nach seiner Ergänzung neu begonnen werden.

(4) Im Verfahren gemäß § 13 Nr. 1, 2, 4 und 9 bedarf es zu einer dem Antragsgegner nachteiligen Entscheidung in jedem Fall einer Mehrheit von zwei Dritteln der Mitglieder des Senats. Im übrigen entscheidet die Mehrheit der an der Entscheidung mitwirkenden Mitglieder des Senats, soweit nicht das Gesetz etwas anderes bestimmt. Bei Stimmengleichheit kann ein Verstoß gegen das Grundgesetz oder sonstiges Bundesrecht nicht festgestellt werden.

§ 15a

(1) Die Senate berufen für die Dauer eines Geschäftsjahres mehrere Kammern. Jede Kammer besteht aus drei Richtern. Die Zusammensetzung einer Kammer soll nicht länger als drei Jahre unverändert bleiben.

(2) Der Senat beschließt vor Beginn eines Geschäftsjahres

für dessen Dauer die Verteilung der Anträge nach § 80 und der Verfassungsbeschwerden nach den §§ 90 und 91 auf die Berichterstatter, die Zahl und Zusammensetzung der Kammern sowie die Vertretung ihrer Mitglieder.

§ 16

(1) Will ein Senat in einer Rechtsfrage von der in einer Entscheidung des anderen Senats enthaltenen Rechtsauffassung abweichen, so entscheidet darüber das Plenum des Bundesverfassungsgerichts.

(2) Es ist beschlußfähig, wenn von jedem Senat zwei Drittel seiner Richter anwesend sind.

II. TEIL

Verfassungsgerichtliches Verfahren

Erster Abschnitt
Allgemeine Verfahrensvorschriften

§ 17

Soweit in diesem Gesetz nichts anderes bestimmt ist, sind hinsichtlich der Öffentlichkeit, der Sitzungspolizei, der Gerichtssprache, der Beratung und Abstimmung die Vorschriften der Titel 14 bis 16 des Gerichtsverfassungsgesetzes entsprechend anzuwenden.

§ 17 a

(1) Abweichend von § 169 Satz 2 des Gerichtsverfassungsgesetzes sind Ton- und Fernseh-Rundfunkaufnahmen sowie Ton- und Filmaufnahmen zum Zwecke der öffentlichen Vorführung oder der Veröffentlichung ihres Inhalts zulässig

1. in der mündlichen Verhandlung, bis das Gericht die Anwesenheit der Beteiligten festgestellt hat,

2. bei der öffentlichen Verkündung von Entscheidungen.

(2) Zur Wahrung schutzwürdiger Interessen der Beteiligten oder Dritter sowie eines ordnungsgemäßen Ablaufs des Verfahrens kann das Bundesverfassungsgericht die Aufnahmen nach Absatz 1 oder deren Übertragung ganz oder teilweise ausschließen oder von der Einhaltung von Auflagen abhängig machen.

§ 18

(1) Ein Richter des Bundesverfassungsgerichts ist von der Ausübung seines Richteramtes ausgeschlossen, wenn er

1. an der Sache beteiligt oder mit einem Beteiligten verheiratet ist oder war, in gerader Linie verwandt oder verschwägert oder in der Seitenlinie bis zum dritten Grade verwandt oder bis zum zweiten Grade verschwägert ist oder
2. in derselben Sache bereits von Amts oder Berufs wegen tätig gewesen ist.

(2) Beteiligt ist nicht, wer auf Grund seines Familienstandes, seines Berufs, seiner Abstammung, seiner Zugehörigkeit zu einer politischen Partei oder aus einem ähnlich allgemeinen Gesichtspunkt am Ausgang des Verfahrens interessiert ist.

(3) Als Tätigkeit im Sinne des Absatzes 1 Nr. 2 gilt nicht

1. die Mitwirkung im Gesetzgebungsverfahren,
2. die Äußerung einer wissenschaftlichen Meinung zu einer Rechtsfrage, die für das Verfahren bedeutsam sein kann.

§ 19

(1) Wird ein Richter des Bundesverfassungsgerichts wegen Besorgnis der Befangenheit abgelehnt, so entscheidet das Gericht unter Ausschluß des Abgelehnten; bei Stimmengleichheit gibt die Stimme des Vorsitzenden den Ausschlag.

(2) Die Ablehnung ist zu begründen. Der Abgelehnte hat

sich dazu zu äußern. Die Ablehnung ist unbeachtlich, wenn sie nicht spätestens zu Beginn der mündlichen Verhandlung erklärt wird.

(3) Erklärt sich ein Richter, der nicht abgelehnt ist, selbst für befangen, so gilt Absatz 1 entsprechend.

(4) Hat das Bundesverfassungsgericht die Ablehnung oder Selbstablehnung eines Richters für begründet erklärt, wird durch Los ein Richter des anderen Senats als Vertreter bestimmt. Die Vorsitzenden der Senate können nicht als Vertreter bestimmt werden. Das Nähere regelt die Geschäftsordnung.

§ 20

Die Beteiligten haben das Recht der Akteneinsicht.

§ 21

Wenn das Verfahren von einer Personengruppe oder gegen eine Personengruppe beantragt wird, kann das Bundesverfassungsgericht anordnen, daß sie ihre Rechte, insbesondere das Recht auf Anwesenheit im Termin, durch einen oder mehrere Beauftragte wahrnehmen läßt.

§ 22

(1) Die Beteiligten können sich in jeder Lage des Verfahrens durch einen bei einem deutschen Gericht zugelassenen Rechtsanwalt oder durch einen Lehrer des Rechts an einer deutschen Hochschule vertreten lassen; in der mündlichen Verhandlung vor dem Bundesverfassungsgericht müssen sie sich in dieser Weise vertreten lassen. Gesetzgebende Körperschaften und Teile von ihnen, die in der Verfassung oder in der Geschäftsordnung mit eigenen Rechten ausgestattet sind, können sich auch durch ihre Mitglieder vertreten lassen. Der Bund, die Länder und ihre Verfassungsorgane können sich außerdem durch ihre Beamten vertreten lassen, soweit sie die Befähigung zum Richteramt besitzen oder auf Grund der vorgeschriebenen Staatsprüfungen die Befähigung zum

höheren Verwaltungsdienst erworben haben.[4] Das Bundesverfassungsgericht kann auch eine andere Person als Beistand eines Beteiligten zulassen.

(2) Die Vollmacht ist schriftlich zu erteilen. Sie muß sich ausdrücklich auf das Verfahren beziehen.

(3) Ist ein Bevollmächtigter bestellt, so sind alle Mitteilungen des Gerichts an ihn zu richten.

§ 23

(1) Anträge, die das Verfahren einleiten, sind schriftlich beim Bundesverfassungsgericht einzureichen. Sie sind zu begründen; die erforderlichen Beweismittel sind anzugeben.

(2) Der Vorsitzende oder, wenn eine Entscheidung nach § 93 c in Betracht kommt, der Berichterstatter stellt den Antrag dem Antragsgegner, den übrigen Beteiligten sowie den Dritten, denen nach § 27a Gelegenheit zur Stellungnahme gegeben wird, unverzüglich mit der Aufforderung zu, sich binnen einer zu bestimmenden Frist dazu zu äußern.

(3) Der Vorsitzende oder der Berichterstatter kann jedem Beteiligten aufgeben, binnen einer zu bestimmenden Frist die erforderliche Zahl von Abschriften seiner Schriftsätze und der angegriffenen Entscheidungen für das Gericht und für die übrigen Beteiligten nachzureichen.

§ 24

Unzulässige oder offensichtlich unbegründete Anträge können durch einstimmigen Beschluß des Gerichts verworfen werden. Der Beschluß bedarf keiner weiteren Begründung, wenn der Antragsteller vorher auf die Bedenken gegen die Zulässigkeit oder Begründetheit seines Antrags hingewiesen worden ist.

4 Nach Anlage I Kap. III F des EVertr. können sich die neuen Länder und ihre Verfassungsorgane außerdem durch ihre Beschäftigten vertreten lassen.

§ 25

(1) Das Bundesverfassungsgericht entscheidet, soweit nichts anderes bestimmt ist, auf Grund mündlicher Verhandlung, es sei denn, daß alle Beteiligten ausdrücklich auf sie verzichten.

(2) Die Entscheidung auf Grund mündlicher Verhandlung ergeht als Urteil, die Entscheidung ohne mündliche Verhandlung als Beschluß.

(3) Teil- und Zwischenentscheidungen sind zulässig.

(4) Die Entscheidungen des Bundesverfassungsgerichts ergehen »im Namen des Volkes«.

§ 25 a

Über die mündliche Verhandlung wird ein Protokoll geführt. Darüber hinaus wird sie in einer Tonbandaufnahme festgehalten; das Nähere regelt die Geschäftsordnung.

§ 26

(1) Das Bundesverfassungsgericht erhebt den zur Erforschung der Wahrheit erforderlichen Beweis. Es kann damit außerhalb der mündlichen Verhandlung ein Mitglied des Gerichts beauftragen oder mit Begrenzung auf bestimmte Tatsachen und Personen ein anderes Gericht darum ersuchen.

(2) Auf Grund eines Beschlusses mit einer Mehrheit von zwei Dritteln der Stimmen des Gerichts kann die Beiziehung einzelner Urkunden unterbleiben, wenn ihre Verwendung mit der Staatssicherheit unvereinbar ist.

§ 27

Alle Gerichte und Verwaltungsbehörden leisten dem Bundesverfassungsgericht Rechts- und Amtshilfe. Fordert das Bundesverfassungsgericht Akten eines Ausgangsverfahrens an, werden ihm diese unmittelbar vorgelegt.

§ 27 a

Das Bundesverfassungsgericht kann sachkundigen Dritten Gelegenheit zur Stellungnahme geben.

§ 28

(1) Für die Vernehmung von Zeugen und Sachverständigen gelten in den Fällen des § 13 Nr. 1, 2, 4 und 9 die Vorschriften der Strafprozeßordnung, in den übrigen Fällen die Vorschriften der Zivilprozeßordnung entsprechend.

(2) Soweit ein Zeuge oder Sachverständiger nur mit Genehmigung einer vorgesetzten Stelle vernommen werden darf, kann diese Genehmigung nur verweigert werden, wenn es das Wohl des Bundes oder eines Landes erfordert. Der Zeuge oder Sachverständige kann sich nicht auf seine Schweigepflicht berufen, wenn das Bundesverfassungsgericht mit einer Mehrheit von zwei Dritteln der Stimmen die Verweigerung der Aussagegenehmigung für unbegründet erklärt.

§ 29

Die Beteiligten werden von allen Beweisterminen benachrichtigt und können der Beweisaufnahme beiwohnen. Sie können an Zeugen und Sachverständige Fragen richten. Wird eine Frage beanstandet, so entscheidet das Gericht.

§ 30

(1) Das Bundesverfassungsgericht entscheidet in geheimer Beratung nach seiner freien, aus dem Inhalt der Verhandlung und dem Ergebnis der Beweisaufnahme geschöpften Überzeugung. Die Entscheidung ist schriftlich abzufassen, zu begründen und von den Richtern, die bei ihr mitgewirkt haben, zu unterzeichnen. Sie ist sodann, wenn eine mündliche Verhandlung stattgefunden hat, unter Mitteilung der wesentlichen Entscheidungsgründe öffentlich zu verkünden. Der Termin zur Verkündung einer Entscheidung kann in der mündlichen Verhandlung bekanntgegeben oder nach Abschluß der Beratungen festgelegt werden; in diesem Fall ist er den Beteiligten unverzüglich mitzuteilen. Zwischen dem Abschluß der mündlichen Verhandlung und der Verkündung der Entscheidung sollen nicht mehr als drei Monate

liegen. Der Termin kann durch Beschluß des Bundesverfassungsgerichts verlegt werden.

(2) Ein Richter kann seine in der Beratung vertretene abweichende Meinung zu der Entscheidung oder zu deren Begründung in einem Sondervotum niederlegen; das Sondervotum ist der Entscheidung anzuschließen. Die Senate können in ihren Entscheidungen das Stimmenverhältnis mitteilen. Das Nähere regelt die Geschäftsordnung.[5]

(3) Alle Entscheidungen sind den Beteiligten bekanntzugeben.

§ 31

(1) Die Entscheidungen des Bundesverfassungsgerichts binden die Verfassungsorgane des Bundes und der Länder sowie alle Gerichte und Behörden.

(2) In den Fällen des § 13 Nr. 6, 6a, 11, 12 und 14 hat die Entscheidung des Bundesverfassungsgerichts Gesetzeskraft. Das gilt auch in den Fällen des § 13 Nr. 8a, wenn das Bundesverfassungsgericht ein Gesetz als mit dem Grundgesetz vereinbar oder unvereinbar oder für nichtig erklärt. Soweit ein Gesetz als mit dem Grundgesetz oder sonstigem Bundesrecht vereinbar oder unvereinbar oder für nichtig erklärt wird, ist die Entscheidungsformel durch das Bundesministerium der Justiz im Bundesgesetzblatt zu veröffentlichen. Entsprechendes gilt für die Entscheidungsformel in den Fällen des § 13 Nr. 12 und 14.

§ 32

(1) Das Bundesverfassungsgericht kann im Streitfall einen Zustand durch einstweilige Anordnung vorläufig regeln, wenn dies zur Abwehr schwerer Nachteile, zur Verhinderung drohender Gewalt oder aus einem anderen wichtigen Grund zum gemeinen Wohl dringend geboten ist.

(2) Die einstweilige Anordnung kann ohne mündliche

5 Vgl. Geschäftsordnung des Bundesverfassungsgerichts vom 15. 12. 1986 (BGBl. I S. 2529), oben Fußnote 1.

Verhandlung ergehen. Bei besonderer Dringlichkeit kann das Bundesverfassungsgericht davon absehen, den am Verfahren zur Hauptsache Beteiligten, zum Beitritt Berechtigten oder Äußerungsberechtigten Gelegenheit zur Stellungnahme zu geben.

(3) Wird die einstweilige Anordnung durch Beschluß erlassen oder abgelehnt, so kann Widerspruch erhoben werden. Das gilt nicht für den Beschwerdeführer im Verfahren der Verfassungsbeschwerde. Über den Widerspruch entscheidet das Bundesverfassungsgericht nach mündlicher Verhandlung. Diese muß binnen zwei Wochen nach dem Eingang der Begründung des Widerspruchs stattfinden.

(4) Der Widerspruch gegen die einstweilige Anordnung hat keine aufschiebende Wirkung. Das Bundesverfassungsgericht kann die Vollziehung der einstweiligen Anordnung aussetzen.

(5) Das Bundesverfassungsgericht kann die Entscheidung über die einstweilige Anordnung oder über den Widerspruch ohne Begründung bekanntgeben. In diesem Fall ist die Begründung den Beteiligten gesondert zu übermitteln.

(6) Die einstweilige Anordnung tritt nach sechs Monaten außer Kraft. Sie kann mit einer Mehrheit von zwei Dritteln der Stimmen wiederholt werden.

(7) Ist ein Senat nicht beschlußfähig, so kann die einstweilige Anordnung bei besonderer Dringlichkeit erlassen werden, wenn mindestens drei Richter anwesend sind und der Beschluß einstimmig gefaßt wird. Sie tritt nach einem Monat außer Kraft. Wird sie durch den Senat bestätigt, so tritt sie sechs Monate nach ihrem Erlaß außer Kraft.

§ 33

(1) Das Bundesverfassungsgericht kann sein Verfahren bis zur Erledigung eines bei einem anderen Gericht anhängigen Verfahrens aussetzen, wenn für seine Entscheidung die Feststellungen oder die Entscheidung dieses anderen Gerichts von Bedeutung sein können.

(2) Das Bundesverfassungsgericht kann seiner Entscheidung die tatsächlichen Feststellungen eines rechtskräftigen Urteils zugrunde legen, das in einem Verfahren ergangen ist, in dem die Wahrheit von Amts wegen zu erforschen ist.

§ 34

(1) Das Verfahren des Bundesverfassungsgerichts ist kostenfrei.

(2) Das Bundesverfassungsgericht kann eine Gebühr bis zu 2600 Euro auferlegen, wenn die Einlegung der Verfassungsbeschwerde oder der Beschwerde nach Artikel 41 Abs. 2 des Grundgesetzes einen Mißbrauch darstellt oder wenn ein Antrag auf Erlaß einer einstweiligen Anordnung (§ 32) mißbräuchlich gestellt ist.

(3) Für die Einziehung der Gebühr gilt § 59 Abs. 1 der Bundeshaushaltsordnung entsprechend.

§ 34 a

(1) Erweist sich der Antrag auf Verwirkung der Grundrechte (§ 13 Nr. 1), die Anklage gegen den Bundespräsidenten (§ 13 Nr. 4) oder einen Richter (§ 13 Nr. 9) als unbegründet, so sind dem Antragsgegner oder dem Angeklagten die notwendigen Auslagen einschließlich der Kosten der Verteidigung zu ersetzen.

(2) Erweist sich eine Verfassungsbeschwerde als begründet, so sind dem Beschwerdeführer die notwendigen Auslagen ganz oder teilweise zu erstatten.

(3) In den übrigen Fällen kann das Bundesverfassungsgericht volle oder teilweise Erstattung der Auslagen anordnen.

§ 35

Das Bundesverfassungsgericht kann in seiner Entscheidung bestimmen, wer sie vollstreckt; es kann auch im Einzelfall die Art und Weise der Vollstreckung regeln.

Zweiter Abschnitt
Akteneinsicht außerhalb des Verfahrens

§ 35a

Betreffen außerhalb des Verfahrens gestellte Anträge auf Auskunft aus oder Einsicht in Akten des Bundesverfassungsgerichts personenbezogene Daten, so gelten die Vorschriften des Bundesdatenschutzgesetzes, soweit die nachfolgenden Bestimmungen keine abweichende Regelung treffen.

§ 35b

(1) Auskunft aus oder Einsicht in Akten des Bundesverfassungsgerichts kann gewährt werden

1. öffentlichen Stellen, soweit dies für Zwecke der Rechtspflege erforderlich ist oder die in § 14 Abs. 2 Nr. 4, 6 bis 9 des Bundesdatenschutzgesetzes genannten Voraussetzungen vorliegen,
2. Privatpersonen und anderen nicht-öffentlichen Stellen, soweit sie hierfür ein berechtigtes Interesse darlegen; Auskunft und Akteneinsicht sind zu versagen, wenn der Betroffene ein schutzwürdiges Interesse an der Versagung hat. § 16 Abs. 3 des Bundesdatenschutzgesetzes findet keine Anwendung; die Erteilung der Auskunft und die Gewährung der Akteneinsicht sind in der Akte zu vermerken.

Auskunft oder Akteneinsicht kann auch gewährt werden, soweit der Betroffene eingewilligt hat.

(2) Akteneinsicht kann nur gewährt werden, wenn unter Angabe von Gründen dargelegt wird, daß die Erteilung einer Auskunft zur Erfüllung der Aufgaben der die Akteneinsicht begehrenden öffentlichen Stelle (Absatz 1 Nr. 1) oder zur Wahrnehmung des berechtigten Interesses der die Akteneinsicht begehrenden Privatperson oder anderen nicht-öffentlichen Stelle (Absatz 1 Nr. 2) nicht ausreichen würde oder die Erteilung einer Auskunft einen unverhältnismäßigen Aufwand erfordern würde.

(3) Aus beigezogenen Akten, die nicht Aktenbestandteil sind, dürfen Auskünfte nur erteilt werden, wenn der Antragsteller die Zustimmung der Stelle nachweist, um deren Akten es sich handelt; gleiches gilt für die Akteneinsicht.

(4) Die Akten des Bundesverfassungsgerichts werden nicht übersandt. An öffentliche Stellen können sie übersandt werden, wenn diesen gemäß Absatz 2 Akteneinsicht gewährt werden kann oder wenn einer Privatperson auf Grund besonderer Umstände dort Akteneinsicht gewährt werden soll.

§ 35 c

Das Bundesverfassungsgericht darf in einem verfassungsgerichtlichen Verfahren zu den Akten gelangte personenbezogene Daten für ein anderes verfassungsgerichtliches Verfahren nutzen.

III. TEIL

Einzelne Verfahrensarten

Erster Abschnitt
Verfahren in den Fällen des § 13 Nr. 1

§ 36

Der Antrag auf Entscheidung gemäß Artikel 18 Satz 2 des Grundgesetzes kann vom Bundestag, von der Bundesregierung oder von einer Landesregierung gestellt werden.

§ 37

Das Bundesverfassungsgericht gibt dem Antragsgegner Gelegenheit zur Äußerung binnen einer zu bestimmenden Frist und beschließt dann, ob der Antrag als unzulässig oder als nicht hinreichend begründet zurückzuweisen oder ob die Verhandlung durchzuführen ist.

§ 38

(1) Nach Eingang des Antrags kann das Bundesverfassungsgericht eine Beschlagnahme oder Durchsuchung nach den Vorschriften der Strafprozeßordnung anordnen.

(2) Das Bundesverfassungsgericht kann zur Vorbereitung der mündlichen Verhandlung eine Voruntersuchung anordnen. Die Durchführung der Voruntersuchung ist einem Richter des nicht zur Entscheidung in der Hauptsache zuständigen Senats zu übertragen.

§ 39

(1) Erweist sich der Antrag als begründet, so stellt das Bundesverfassungsgericht fest, welche Grundrechte der Antragsgegner verwirkt hat. Es kann die Verwirkung auf einen bestimmten Zeitraum, mindestens auf ein Jahr, befristen. Es kann dem Antragsgegner auch nach Art und Dauer genau bezeichnete Beschränkungen auferlegen, soweit sie nicht andere als die verwirkten Grundrechte beeinträchtigen. Insoweit bedürfen die Verwaltungsbehörden zum Einschreiten gegen den Antragsgegner keiner weiteren gesetzlichen Grundlage.

(2) Das Bundesverfassungsgericht kann dem Antragsgegner auf die Dauer der Verwirkung der Grundrechte das Wahlrecht, die Wählbarkeit und die Fähigkeit zur Bekleidung öffentlicher Ämter aberkennen und bei juristischen Personen ihre Auflösung anordnen.

§ 40

Ist die Verwirkung zeitlich nicht befristet oder für einen längeren Zeitraum als ein Jahr ausgesprochen, so kann das Bundesverfassungsgericht, wenn seit dem Ausspruch der Verwirkung zwei Jahre verflossen sind, auf Antrag des früheren Antragstellers oder Antragsgegners die Verwirkung ganz oder teilweise aufheben oder die Dauer der Verwirkung abkürzen. Der Antrag kann wiederholt werden, wenn seit der letzten Entscheidung des Bundesverfassungsgerichts ein Jahr verstrichen ist.

§ 41

Hat das Bundesverfassungsgericht über einen Antrag sachlich entschieden, so kann er gegen denselben Antragsgegner nur wiederholt werden, wenn er auf neue Tatsachen gestützt wird.

§ 42

(weggefallen)

Zweiter Abschnitt
Verfahren in den Fällen des § 13 Nr. 2

§ 43

(1) Der Antrag auf Entscheidung, ob eine Partei verfassungswidrig ist (Artikel 21 Abs. 2 des Grundgesetzes), kann von dem Bundestag, dem Bundesrat oder von der Bundesregierung gestellt werden.

(2) Eine Landesregierung kann den Antrag nur gegen eine Partei stellen, deren Organisation sich auf das Gebiet ihres Landes beschränkt.

§ 44

Die Vertretung der Partei bestimmt sich nach den gesetzlichen Vorschriften, hilfsweise nach ihrer Satzung. Sind die Vertretungsberechtigten nicht feststellbar oder nicht vorhanden oder haben sie nach Eingang des Antrags beim Bundesverfassungsgericht gewechselt, so gelten als vertretungsberechtigt diejenigen Personen, die die Geschäfte der Partei während der Tätigkeit, die den Antrag veranlaßt hat, zuletzt tatsächlich geführt haben.

§ 45

Das Bundesverfassungsgericht gibt dem Vertretungsberechtigten (§ 44) Gelegenheit zur Äußerung binnen einer zu bestimmenden Frist und beschließt dann, ob der Antrag als unzulässig oder als nicht hinreichend begründet zurückzuweisen oder ob die Verhandlung durchzuführen ist.

§ 46

(1) Erweist sich der Antrag als begründet, so stellt das Bundesverfassungsgericht fest, daß die politische Partei verfassungswidrig ist.

(2) Die Feststellung kann auf einen rechtlich oder organisatorisch selbständigen Teil einer Partei beschränkt werden.

(3) Mit der Feststellung ist die Auflösung der Partei oder des selbständigen Teiles der Partei und das Verbot, eine Ersatzorganisation zu schaffen, zu verbinden. Das Bundesverfassungsgericht kann in diesem Fall außerdem die Einziehung des Vermögens der Partei oder des selbständigen Teiles der Partei zugunsten des Bundes oder des Landes zu gemeinnützigen Zwecken aussprechen.

§ 47

Die Vorschriften der §§ 38 und 41 gelten entsprechend.

Dritter Abschnitt

Verfahren in den Fällen des § 13 Nr. 3

§ 48

(1) Die Beschwerde gegen den Beschluß des Bundestages über die Gültigkeit einer Wahl oder den Verlust der Mitgliedschaft im Bundestag kann der Abgeordnete, dessen Mitgliedschaft bestritten ist, ein Wahlberechtigter, dessen Einspruch vom Bundestag verworfen worden ist, wenn ihm mindestens einhundert Wahlberechtigte beitreten, eine Fraktion oder eine Minderheit des Bundestages, die wenig-

stens ein Zehntel der gesetzlichen Mitgliederzahl umfaßt, binnen einer Frist von zwei Monaten seit der Beschlußfassung des Bundestages beim Bundesverfassungsgericht erheben; die Beschwerde ist innerhalb dieser Frist zu begründen.

(2) Die Wahlberechtigten, die einem Wahlberechtigten als Beschwerdeführer beitreten, müssen diese Erklärung persönlich und handschriftlich unterzeichnen; neben der Unterschrift sind Familienname, Vornamen, Tag der Geburt und Anschrift (Hauptwohnung) des Unterzeichners anzugeben.

(3) Das Bundesverfassungsgericht kann von einer mündlichen Verhandlung absehen, wenn von ihr keine weitere Förderung des Verfahrens zu erwarten ist.

Vierter Abschnitt
Verfahren in den Fällen des § 13 Nr. 4

§ 49

(1) Die Anklage gegen den Bundespräsidenten wegen vorsätzlicher Verletzung des Grundgesetzes oder eines anderen Bundesgesetzes wird durch Einreichung einer Anklageschrift beim Bundesverfassungsgericht erhoben.

(2) Auf Grund des Beschlusses einer der beiden gesetzgebenden Körperschaften (Artikel 61 Abs. 1 des Grundgesetzes) fertigt deren Präsident die Anklageschrift und übersendet sie binnen eines Monats dem Bundesverfassungsgericht.

(3) Die Anklageschrift muß die Handlung oder Unterlassung, wegen der die Anklage erhoben wird, die Beweismittel und die Bestimmung der Verfassung oder des Gesetzes, die verletzt sein soll, bezeichnen. Sie muß die Feststellung enthalten, daß der Beschluß auf Erhebung der Anklage mit der Mehrheit von zwei Dritteln der gesetzlichen Mitgliederzahl des Bundestages oder von zwei Dritteln der Stimmen des Bundesrates gefaßt worden ist.

§ 50

Die Anklage kann nur binnen drei Monaten, nachdem der ihr zugrunde liegende Sachverhalt der antragsberechtigten Körperschaft bekannt geworden ist, erhoben werden.

§ 51

Die Einleitung und Durchführung des Verfahrens wird durch den Rücktritt des Bundespräsidenten, durch sein Ausscheiden aus dem Amt oder durch Auflösung des Bundestages oder den Ablauf seiner Wahlperiode nicht berührt.

§ 52

(1) Die Anklage kann bis zur Verkündung des Urteils auf Grund eines Beschlusses der antragstellenden Körperschaft zurückgenommen werden. Der Beschluß bedarf der Zustimmung der Mehrheit der gesetzlichen Mitgliederzahl des Bundestages oder der Mehrheit der Stimmen des Bundesrates.

(2) Die Anklage wird vom Präsidenten der antragstellenden Körperschaft durch Übersendung einer Ausfertigung des Beschlusses an das Bundesverfassungssgericht zurückgenommen.

(3) Die Zurücknahme der Anklage wird unwirksam, wenn ihr der Bundespräsident binnen eines Monats widerspricht.

§ 53

Das Bundesverfassungsgericht kann nach Erhebung der Anklage durch einstweilige Anordnung bestimmen, daß der Bundespräsident an der Ausübung seines Amtes verhindert ist.

§ 54

(1) Das Bundesverfassungsgericht kann zur Vorbereitung der mündlichen Verhandlung eine Voruntersuchung anordnen; es muß sie anordnen, wenn der Vertreter der Anklage oder der Bundespräsident sie beantragt.

(2) Die Durchführung der Voruntersuchung ist einem Richter des nicht zur Entscheidung in der Hauptsache zuständigen Senats zu übertragen.

§ 55

(1) Das Bundesverfassungsgericht entscheidet auf Grund mündlicher Verhandlung.

(2) Zur Verhandlung ist der Bundespräsident zu laden. Dabei ist er darauf hinzuweisen, daß ohne ihn verhandelt wird, wenn er unentschuldigt ausbleibt oder ohne ausreichenden Grund sich vorzeitig entfernt.

(3) In der Verhandlung trägt der Beauftragte der antragstellenden Körperschaft zunächst die Anklage vor.

(4) Sodann erhält der Bundespräsident Gelegenheit, sich zur Anklage zu erklären.

(5) Hierauf findet die Beweiserhebung statt.

(6) Zum Schluß wird der Vertreter der Anklage mit seinem Antrag und der Bundespräsident mit seiner Verteidigung gehört. Er hat das letzte Wort.

§ 56

(1) Das Bundesverfassungsgericht stellt im Urteil fest, ob der Bundespräsident einer vorsätzlichen Verletzung des Grundgesetzes oder eines genau zu bezeichnenden Bundesgesetzes schuldig ist.

(2) Im Falle der Verurteilung kann das Bundesverfassungsgericht den Bundespräsidenten seines Amtes für verlustig erklären. Mit der Verkündung des Urteils tritt der Amtsverlust ein.

§ 57

Eine Ausfertigung des Urteils samt Gründen ist dem Bundestag, dem Bundesrat und der Bundesregierung zu übersenden.

Fünfter Abschnitt
Verfahren in den Fällen des § 13 Nr. 9

§ 58

(1) Stellt der Bundestag gegen einen Bundesrichter den Antrag nach Artikel 98 Abs. 2 des Grundgesetzes, so sind die Vorschriften der §§ 49 bis 55 mit Ausnahme des § 49 Abs. 3 Satz 2, der §§ 50 und 52 Abs. 1 Satz 2 entsprechend anzuwenden.

(2) Wird dem Bundesrichter ein Verstoß im Amt vorgeworfen, so beschließt der Bundestag nicht vor rechtskräftiger Beendigung des gerichtlichen Verfahrens oder, wenn vorher wegen desselben Verstoßes ein förmliches Disziplinarverfahren eingeleitet worden ist, nicht vor der Eröffnung dieses Verfahrens. Nach Ablauf von sechs Monaten seit der rechtskräftigen Beendigung des gerichtlichen Verfahrens, in dem der Bundesrichter sich des Verstoßes schuldig gemacht haben soll, ist der Antrag nicht mehr zulässig.

(3) Abgesehen von den Fällen des Absatzes 2 ist ein Antrag gemäß Absatz 1 nicht mehr zulässig, wenn seit dem Verstoß zwei Jahre verflossen sind.

(4) Der Antrag wird vor dem Bundesverfassungsgericht von einem Beauftragten des Bundestages vertreten.

§ 59

(1) Das Bundesverfassungsgericht erkennt auf eine der im Artikel 98 Abs. 2 des Grundgesetzes vorgesehenen Maßnahmen oder auf Freispruch.

(2) Erkennt das Bundesverfassungsgericht auf Entlassung, so tritt der Amtsverlust mit der Verkündung des Urteils ein.

(3) Wird auf Versetzung in ein anderes Amt oder in den Ruhestand erkannt, so obliegt der Vollzug der für die Entlassung des Bundesrichters zuständigen Stelle.

(4) Eine Ausfertigung des Urteils mit Gründen ist dem Bundespräsidenten, dem Bundestag und der Bundesregierung zu übersenden.

§ 60

Solange ein Verfahren vor dem Bundesverfassungsgericht anhängig ist, wird das wegen desselben Sachverhalts bei einem Disziplinargericht anhängige Verfahren ausgesetzt. Erkennt das Bundesverfassungsgericht auf Entlassung aus dem Amt oder auf Anordnung der Versetzung in ein anderes Amt oder in den Ruhestand, so wird das Disziplinarverfahren eingestellt; im anderen Falle wird es fortgesetzt.

§ 61

(1) Die Wiederaufnahme des Verfahrens findet nur zugunsten des Verurteilten und nur auf seinen Antrag oder nach seinem Tode auf Antrag seines Ehegatten, Lebenspartners oder eines seiner Abkömmlinge unter den Voraussetzungen der §§ 359 und 364 der Strafprozeßordnung statt. In dem Antrag müssen der gesetzliche Grund der Wiederaufnahme sowie die Beweismittel angegeben werden. Durch den Antrag auf Wiederaufnahme wird die Wirksamkeit des Urteils nicht gehemmt.

(2) Über die Zulassung des Antrages entscheidet das Bundesverfassungsgericht ohne mündliche Verhandlung. Die Vorschriften der §§ 368, 369 Abs. 1, 2 und 4 und der §§ 370 und 371 Abs. 1 bis 3 der Strafprozeßordnung gelten entsprechend.

(3) In der erneuten Hauptverhandlung ist entweder das frühere Urteil aufrechtzuerhalten oder auf eine mildere Maßnahme oder auf Freispruch zu erkennen.

§ 62

Soweit gemäß Artikel 98 Abs. 5 Satz 2 des Grundgesetzes fortgeltendes Landesverfassungsrecht nichts Abweichendes bestimmt, gelten die Vorschriften dieses Abschnitts auch, wenn das Gesetz eines Landes für Landesrichter eine dem Artikel 98 Abs. 2 des Grundgesetzes entsprechende Regelung trifft.

Sechster Abschnitt
Verfahren in den Fällen des § 13 Nr. 5

§ 63

Antragsteller und Antragsgegner können nur sein: der Bundespräsident, der Bundestag, der Bundesrat, die Bundesregierung und die im Grundgesetz oder in den Geschäftsordnungen des Bundestages und des Bundesrates mit eigenen Rechten ausgestatteten Teile dieser Organe.

§ 64

(1) Der Antrag ist nur zulässig, wenn der Antragsteller geltend macht, daß er oder das Organ, dem er angehört, durch eine Maßnahme oder Unterlassung des Antragsgegners in seinen ihm durch das Grundgesetz übertragenen Rechten und Pflichten verletzt oder unmittelbar gefährdet ist.

(2) Im Antrag ist die Bestimmung des Grundgesetzes zu bezeichnen, gegen die durch die beanstandete Maßnahme oder Unterlassung des Antragsgegners verstoßen wird.

(3) Der Antrag muß binnen sechs Monaten, nachdem die beanstandete Maßnahme oder Unterlassung dem Antragsteller bekannt geworden ist, gestellt werden.

(4) Soweit die Frist bei Inkrafttreten dieses Gesetzes verstrichen ist, kann der Antrag noch binnen drei Monaten nach Inkrafttreten gestellt werden.

§ 65

(1) Dem Antragsteller und dem Antragsgegner können in jeder Lage des Verfahrens andere in § 63 genannte Antragsberechtigte beitreten, wenn die Entscheidung auch für die Abgrenzung ihrer Zuständigkeiten von Bedeutung ist.

(2) Das Bundesverfassungsgericht gibt von der Einleitung des Verfahrens dem Bundespräsidenten, dem Bundestag, dem Bundesrat und der Bundesregierung Kenntnis.

§ 66

Das Bundesverfassungsgericht kann anhängige Verfahren verbinden und verbundene trennen.

§ 66a

In Verfahren nach § 13 Nr. 5 in Verbindung mit § 2 Abs. 3 des Untersuchungsausschußgesetzes sowie in Verfahren nach § 18 Abs. 3 des Untersuchungsausschußgesetzes, auch in Verbindung mit den §§ 19 und 23 Abs. 2 des Untersuchungsausschußgesetzes, kann das Bundesverfassungsgericht ohne mündliche Verhandlung entscheiden.

§ 67

Das Bundesverfassungsgericht stellt in seiner Entscheidung fest, ob die beanstandete Maßnahme oder Unterlassung des Antragsgegners gegen eine Bestimmung des Grundgesetzes verstößt. Die Bestimmung ist zu bezeichnen. Das Bundesverfassungsgericht kann in der Entscheidungsformel zugleich eine für die Auslegung der Bestimmung des Grundgesetzes erhebliche Rechtsfrage entscheiden, von der die Feststellung gemäß Satz 1 abhängt.

Siebenter Abschnitt
Verfahren in den Fällen des § 13 Nr. 7

§ 68

Antragsteller und Antragsgegner können nur sein:
für den Bund die Bundesregierung,
für ein Land die Landesregierung.

§ 69

Die Vorschriften der §§ 64 bis 67 gelten entsprechend.

§ 70

Der Beschluß des Bundesrates nach Artikel 84 Abs. 4 Satz 1 des Grundgesetzes kann nur binnen eines Monats nach der Beschlußfassung angefochten werden.

Achter Abschnitt
Verfahren in den Fällen des § 13 Nr. 8

§ 71

(1) Antragsteller und Antragsgegner können nur sein

1. bei öffentlich-rechtlichen Streitigkeiten gemäß Artikel 93 Abs. 1 Nr. 4 des Grundgesetzes zwischen dem Bund und den Ländern:
   die Bundesregierung und die Landesregierungen;
2. bei öffentlich-rechtlichen Streitigkeiten gemäß Artikel 93 Abs. 1 Nr. 4 des Grundgesetzes zwischen den Ländern:
   die Landesregierungen;
3. bei öffentlich-rechtlichen Streitigkeiten gemäß Artikel 93 Abs. 1 Nr. 4 des Grundgesetzes innerhalb eines Landes:
   die obersten Organe des Landes und die in der Landesverfassung oder in der Geschäftsordnung eines obersten Organs des Landes mit eigenen Rechten ausgestatteten Teile dieser Organe, wenn sie durch den Streitgegenstand in ihren Rechten oder Zuständigkeiten unmittelbar berührt sind.

(2) Die Vorschrift des § 64 Abs. 3 gilt entsprechend.

§ 72

(1) Das Bundesverfassungsgericht kann in seiner Entscheidung erkennen auf

1. die Zulässigkeit oder Unzulässigkeit einer Maßnahme,
2. die Verpflichtung des Antragsgegners, eine Maßnahme zu unterlassen, rückgängig zu machen, durchzuführen oder zu dulden,
3. die Verpflichtung, eine Leistung zu erbringen.

(2) In dem Verfahren nach § 71 Abs. 1 Nr. 3 stellt das Bundesverfassungsgericht fest, ob die beanstandete Maßnahme oder Unterlassung des Antragsgegners gegen eine Bestim-

mung der Landesverfassung verstößt. Die Vorschriften des § 67 Satz 2 und 3 gelten entsprechend.

Neunter Abschnitt
Verfahren in den Fällen des § 13 Nr. 10

§ 73

(1) An einer Verfassungsstreitigkeit innerhalb eines Landes können nur die obersten Organe dieses Landes und die in der Landesverfassung oder in der Geschäftsordnung eines obersten Organs des Landes mit eigenen Rechten ausgestatteten Teile dieser Organe beteiligt sein.

(2) Die Vorschrift des § 64 Abs. 3 gilt entsprechend, sofern das Landesrecht nichts anderes bestimmt.

§ 74

Bestimmt das Landesrecht nicht, welchen Inhalt und welche Wirkung die Entscheidung des Bundesverfassungsgerichts haben kann, so gilt § 72 Abs. 2 entsprechend.

§ 75

Für das Verfahren gelten die allgemeinen Vorschriften des II. Teiles dieses Gesetzes entsprechend.

Zehnter Abschnitt
Verfahren in den Fällen des § 13 Nr. 6 und 6a

§ 76

(1) Der Antrag der Bundesregierung, einer Landesregierung oder eines Drittels der Mitglieder des Bundestages gemäß Artikel 93 Abs. 1 Nr. 2 des Grundgesetzes ist nur zulässig, wenn der Antragsteller Bundes- oder Landesrecht

1. wegen seiner förmlichen oder sachlichen Unvereinbarkeit mit dem Grundgesetz oder dem sonstigen Bundesrecht für nichtig hält oder
2. für gültig hält, nachdem ein Gericht, eine Verwaltungsbehörde oder ein Organ des Bundes oder eines Landes das Recht als unvereinbar mit dem Grundgesetz oder sonstigem Bundesrecht nicht angewendet hat.

(2) Der Antrag des Bundesrates, einer Landesregierung oder der Volksvertretung eines Landes gemäß Artikel 93 Abs. 1 Nr. 2a des Grundgesetzes ist nur zulässig, wenn der Antragsteller ein Bundesgesetz wegen Nichterfüllung der Voraussetzungen des Artikels 72 Abs. 2 des Grundgesetzes für nichtig hält; der Antrag kann auch darauf gestützt werden, daß der Antragsteller das Bundesgesetz wegen Nichterfüllung der Voraussetzungen des Artikels 75 Abs. 2 des Grundgesetzes für nichtig hält.

§ 77

Das Bundesverfassungsgericht gibt

1. in den Fällen des § 76 Abs. 1 dem Bundestag, dem Bundesrat, der Bundesregierung, bei Meinungsverschiedenheiten über die Gültigkeit von Bundesrecht auch den Landesregierungen und bei Meinungsverschiedenheiten über die Gültigkeit einer landesrechtlichen Norm der Volksvertretung und der Regierung des Landes, in dem die Norm verkündet wurde,
2. in den Fällen des § 76 Abs. 2 dem Bundestag, dem Bundesrat, der Bundesregierung sowie den Volksvertretungen und Regierungen der Länder

binnen einer zu bestimmenden Frist Gelegenheit zur Äußerung.

§ 78

Kommt das Bundesverfassungsgericht zu der Überzeugung, daß Bundesrecht mit dem Grundgesetz oder Landesrecht mit dem Grundgesetz oder dem sonstigen Bundesrecht unvereinbar ist, so erklärt es das Gesetz für nichtig. Sind weitere Bestimmungen des gleichen Gesetzes aus denselben Gründen mit dem Grundgesetz oder sonstigem Bundesrecht unvereinbar, so kann sie das Bundesverfassungsgericht gleichfalls für nichtig erklären.

§ 79

(1) Gegen ein rechtskräftiges Strafurteil, das auf einer mit dem Grundgesetz für unvereinbar oder nach § 78 für nichtig erklärten Norm oder auf der Auslegung einer Norm beruht, die vom Bundesverfassungsgericht für unvereinbar mit dem Grundgesetz erklärt worden ist, ist die Wiederaufnahme des Verfahrens nach den Vorschriften der Strafprozeßordnung zulässig.

(2) Im übrigen bleiben vorbehaltlich der Vorschrift des § 95 Abs. 2 oder einer besonderen gesetzlichen Regelung die nicht mehr anfechtbaren Entscheidungen, die auf einer gemäß § 78 für nichtig erklärten Norm beruhen, unberührt. Die Vollstreckung aus einer solchen Entscheidung ist unzulässig. Soweit die Zwangsvollstreckung nach den Vorschriften der Zivilprozeßordnung durchzuführen ist, gilt die Vorschrift des § 767 der Zivilprozeßordnung entsprechend. Ansprüche aus ungerechtfertigter Bereicherung sind ausgeschlossen.

Elfter Abschnitt
Verfahren in den Fällen des § 13 Nr. 11

§ 80

(1) Sind die Voraussetzungen des Artikels 100 Abs. 1 des Grundgesetzes gegeben, so holen die Gerichte unmittelbar die Entscheidung des Bundesverfassungsgerichts ein.

(2) Die Begründung muß angeben, inwiefern von der Gültigkeit der Rechtsvorschrift die Entscheidung des Gerichts

abhängig ist und mit welcher übergeordneten Rechtsnorm sie unvereinbar ist. Die Akten sind beizufügen.

(3) Der Antrag des Gerichts ist unabhängig von der Rüge der Nichtigkeit der Rechtsvorschrift durch einen Prozeßbeteiligten.

§ 81

Das Bundesverfassungsgericht entscheidet nur über die Rechtsfrage.

§ 81 a

Die Kammer kann durch einstimmigen Beschluß die Unzulässigkeit eines Antrages nach § 80 feststellen. Die Entscheidung bleibt dem Senat vorbehalten, wenn der Antrag von einem Landesverfassungsgericht oder von einem obersten Gerichtshof des Bundes gestellt wird.

§ 82

(1) Die Vorschriften der §§ 77 bis 79 gelten entsprechend.

(2) Die in § 77 genannten Verfassungsorgane können in jeder Lage des Verfahrens beitreten.

(3) Das Bundesverfassungsgericht gibt auch den Beteiligten des Verfahrens vor dem Gericht, das den Antrag gestellt hat, Gelegenheit zur Äußerung; es lädt sie zur mündlichen Verhandlung und erteilt den anwesenden Prozeßbevollmächtigten das Wort.

(4) Das Bundesverfassungsgericht kann oberste Gerichtshöfe des Bundes oder oberste Landesgerichte um die Mitteilung ersuchen, wie und auf Grund welcher Erwägungen sie das Grundgesetz in der streitigen Frage bisher ausgelegt haben, ob und wie sie die in ihrer Gültigkeit streitige Rechtsvorschrift in ihrer Rechtsprechung angewandt haben und welche damit zusammenhängenden Rechtsfragen zur Entscheidung anstehen. Es kann sie ferner ersuchen, ihre Erwägungen zu einer für die Entscheidung erheblichen Rechtsfrage darzulegen. Das Bundesverfassungsgericht gibt den Äußerungsberechtigten Kenntnis von der Stellungnahme.

§ 82a

(1) Die §§ 80 bis 82 gelten vorbehaltlich der Absätze 2 und 3 sinngemäß für die Überprüfung der Vereinbarkeit eines Beschlusses des Deutschen Bundestages zur Einsetzung eines Untersuchungsausschusses mit dem Grundgesetz auf Vorlage nach § 36 Abs. 2 des Untersuchungsausschußgesetzes.

(2) Äußerungsberechtigt sind der Bundestag und die qualifizierte Minderheit nach Artikel 44 Abs. 1 des Grundgesetzes, auf deren Antrag der Einsetzungsbeschluß beruht. Ferner kann das Bundesverfassungsgericht der Bundesregierung, dem Bundesrat, Landesregierungen, der qualifizierten Minderheit nach § 18 Abs. 3 des Untersuchungsausschußgesetzes und Personen Gelegenheit zur Äußerung geben, soweit sie von dem Einsetzungsbeschluß berührt sind.

(3) Das Bundesverfassungsgericht kann ohne mündliche Verhandlung entscheiden.

Zwölfter Abschnitt
Verfahren in den Fällen des § 13 Nr. 12

§ 83

(1) Das Bundesverfassungsgericht stellt in den Fällen des Artikels 100 Abs. 2 des Grundgesetzes in seiner Entscheidung fest, ob die Regel des Völkerrechts Bestandteil des Bundesrechts ist und ob sie unmittelbar Rechte und Pflichten für den einzelnen erzeugt.

(2) Das Bundesverfassungsgericht hat vorher dem Bundestag, dem Bundesrat und der Bundesregierung Gelegenheit zur Äußerung binnen einer zu bestimmenden Frist zu geben. Sie können in jeder Lage des Verfahrens beitreten.

§ 84

Die Vorschriften der §§ 80 und 82 Abs. 3 gelten entsprechend.

Dreizehnter Abschnitt
Verfahren in den Fällen des § 13 Nr. 13

§ 85

(1) Ist die Entscheidung des Bundesverfassungsgerichts gemäß Artikel 100 Abs. 3 Satz 1 des Grundgesetzes einzuholen, so legt das Verfassungsgericht des Landes unter Darlegung seiner Rechtsauffassung die Akten vor.

(2) Das Bundesverfassungsgericht gibt dem Bundesrat, der Bundesregierung und, wenn es von einer Entscheidung des Verfassungsgerichts eines Landes abweichen will, diesem Gericht Gelegenheit zur Äußerung binnen einer zu bestimmenden Frist.

(3) Das Bundesverfassungsgericht entscheidet nur über die Rechtsfrage.

Vierzehnter Abschnitt
Verfahren in den Fällen des § 13 Nr. 14

§ 86

(1) Antragsberechtigt sind der Bundestag, der Bundesrat, die Bundesregierung und die Landesregierungen.

(2) Wenn in einem gerichtlichen Verfahren streitig und erheblich ist, ob ein Gesetz als Bundesrecht fortgilt, so hat das Gericht in sinngemäßer Anwendung des § 80 die Entscheidung des Bundesverfassungsgerichts einzuholen.

§ 87

(1) Der Antrag des Bundesrates, der Bundesregierung oder einer Landesregierung ist nur zulässig, wenn von der Entscheidung die Zulässigkeit einer bereits vollzogenen oder unmittelbar bevorstehenden Maßnahme eines Bundesorgans, einer Bundesbehörde oder des Organs oder der Behörde eines Landes abhängig ist.

(2) Aus der Begründung des Antrags muß sich das Vorliegen der in Absatz 1 bezeichneten Voraussetzung ergeben.

§ 88

Die Vorschrift des § 82 gilt entsprechend.

§ 89

Das Bundesverfassungsgericht spricht aus, ob das Gesetz ganz oder teilweise in dem gesamten Bundesgebiet oder einem bestimmten Teil des Bundesgebiets als Bundesrecht fortgilt.

Fünfzehnter Abschnitt
Verfahren in den Fällen des § 13 Nr. 8a

§ 90

(1) Jedermann kann mit der Behauptung, durch die öffentliche Gewalt in einem seiner Grundrechte oder in einem seiner in Artikel 20 Abs. 4, Artikel 33, 38, 101, 103 und 104 des Grundgesetzes enthaltenen Rechte verletzt zu sein, die Verfassungsbeschwerde zum Bundesverfassungsgericht erheben.

(2) Ist gegen die Verletzung der Rechtsweg zulässig, so kann die Verfassungsbeschwerde erst nach Erschöpfung des Rechtswegs erhoben werden. Das Bundesverfassungsgericht kann jedoch über eine vor Erschöpfung des Rechtswegs eingelegte Verfassungsbeschwerde sofort entscheiden, wenn sie von allgemeiner Bedeutung ist oder wenn dem Beschwerdeführer ein schwerer und unabwendbarer Nachteil entstünde, falls er zunächst auf den Rechtsweg verwiesen würde.

(3) Das Recht, eine Verfassungsbeschwerde an das Landesverfassungsgericht nach dem Recht der Landesverfassung zu erheben, bleibt unberührt.

§ 91

Gemeinden und Gemeindeverbände können die Verfassungsbeschwerde mit der Behauptung erheben, daß ein Gesetz des Bundes oder des Landes die Vorschrift des Artikels 28 des Grundgesetzes verletzt. Die Verfassungsbeschwerde zum Bundesverfassungsgericht ist ausgeschlossen, soweit eine Beschwerde wegen Verletzung des Rechtes auf Selbstverwaltung nach dem Rechte des Landes beim Landesverfassungsgericht erhoben werden kann.

§ 91 a
(weggefallen)

§ 92

In der Begründung der Beschwerde sind das Recht, das verletzt sein soll, und die Handlung oder Unterlassung des Organs oder der Behörde, durch die der Beschwerdeführer sich verletzt fühlt, zu bezeichnen.

§ 93

(1) Die Verfassungsbeschwerde ist binnen eines Monats zu erheben und zu begründen. Die Frist beginnt mit der Zustellung oder formlosen Mitteilung der in vollständiger Form abgefaßten Entscheidung, wenn diese nach den maßgebenden verfahrensrechtlichen Vorschriften von Amts wegen vorzunehmen ist. In anderen Fällen beginnt die Frist mit der Verkündung der Entscheidung oder, wenn diese nicht zu verkünden ist, mit ihrer sonstigen Bekanntgabe an den Beschwerdeführer; wird dabei dem Beschwerdeführer eine Abschrift der Entscheidung in vollständiger Form nicht erteilt, so wird die Frist des Satzes 1 dadurch unterbrochen, daß der Beschwerdeführer schriftlich oder zu Protokoll der Geschäftsstelle die Erteilung einer in vollständiger Form abgefaßten Entscheidung beantragt. Die Unterbrechung dauert fort, bis die Entscheidung in vollständiger Form dem Beschwerdeführer von dem Gericht erteilt oder von Amts wegen oder von einem an dem Verfahren Beteiligten zugestellt wird.

(2) War ein Beschwerdeführer ohne Verschulden verhindert, diese Frist einzuhalten, ist ihm auf Antrag Wiederein-

setzung in den vorigen Stand zu gewähren. Der Antrag ist binnen zwei Wochen nach Wegfall des Hindernisses zu stellen. Die Tatsachen zur Begründung des Antrags sind bei der Antragstellung oder im Verfahren über den Antrag glaubhaft zu machen. Innerhalb der Antragsfrist ist die versäumte Rechtshandlung nachzuholen; ist dies geschehen, kann die Wiedereinsetzung auch ohne Antrag gewährt werden. Nach einem Jahr seit dem Ende der versäumten Frist ist der Antrag unzulässig. Das Verschulden des Bevollmächtigten steht dem Verschulden eines Beschwerdeführers gleich.

(3) Richtet sich die Verfassungsbeschwerde gegen ein Gesetz oder gegen einen sonstigen Hoheitsakt, gegen den ein Rechtsweg nicht offensteht, so kann die Verfassungsbeschwerde nur binnen eines Jahres seit dem Inkrafttreten des Gesetzes oder dem Erlaß des Hoheitsaktes erhoben werden.

(4) Ist ein Gesetz vor dem 1. April 1951 in Kraft getreten, so kann die Verfassungsbeschwerde bis zum 1. April 1952 erhoben werden.

§ 93 a

(1) Die Verfassungsbeschwerde bedarf der Annahme zur Entscheidung.

(2) Sie ist zur Entscheidung anzunehmen,

a) soweit ihr grundsätzliche verfassungsrechtliche Bedeutung zukommt,
b) wenn es zur Durchsetzung der in § 90 Abs. 1 genannten Rechte angezeigt ist; dies kann auch der Fall sein, wenn dem Beschwerdeführer durch die Versagung der Entscheidung zur Sache ein besonders schwerer Nachteil entsteht.

§ 93 b

Die Kammer kann die Annahme der Verfassungsbeschwerde ablehnen oder die Verfassungsbeschwerde im Falle des § 93 c zur Entscheidung annehmen. Im übrigen entscheidet der Senat über die Annahme.

§ 93 c

(1) Liegen die Voraussetzungen des § 93 a Abs. 2 Buchstabe b vor und ist die für die Beurteilung der Verfassungsbeschwerde maßgebliche verfassungsrechtliche Frage durch das Bundesverfassungsgericht bereits entschieden, kann die Kammer der Verfassungsbeschwerde stattgeben, wenn sie offensichtlich begründet ist. Der Beschluß steht einer Entscheidung des Senats gleich. Eine Entscheidung, die mit der Wirkung des § 31 Abs. 2 ausspricht, daß ein Gesetz mit dem Grundgesetz oder sonstigem Bundesrecht unvereinbar oder nichtig ist, bleibt dem Senat vorbehalten.

(2) Auf das Verfahren finden § 94 Abs. 2 und 3 und § 95 Abs. 1 und 2 Anwendung.

§ 93 d

(1) Die Entscheidung nach § 93 b und § 93 c ergeht ohne mündliche Verhandlung. Sie ist unanfechtbar. Die Ablehnung der Annahme der Verfassungsbeschwerde bedarf keiner Begründung.

(2) Solange und soweit der Senat nicht über die Annahme der Verfassungsbeschwerde entschieden hat, kann die Kammer alle das Verfassungsbeschwerdeverfahren betreffenden Entscheidungen erlassen. Eine einstweilige Anordnung, mit der die Anwendung eines Gesetzes ganz oder teilweise ausgesetzt wird, kann nur der Senat treffen; § 32 Abs. 7 bleibt unberührt. Der Senat entscheidet auch in den Fällen des § 32 Abs. 3.

(3) Die Entscheidungen der Kammer ergehen durch einstimmigen Beschluß. Die Annahme durch den Senat ist beschlossen, wenn mindestens drei Richter ihr zustimmen.

§ 94

(1) Das Bundesverfassungsgericht gibt dem Verfassungsorgan des Bundes oder des Landes, dessen Handlung oder Unterlassung in der Verfassungsbeschwerde beanstandet wird, Gelegenheit, sich binnen einer zu bestimmenden Frist zu äußern.

(2) Ging die Handlung oder Unterlassung von einem Minister oder einer Behörde des Bundes oder des Landes aus, so ist dem zuständigen Minister Gelegenheit zur Äußerung zu geben.

(3) Richtet sich die Verfassungsbeschwerde gegen eine gerichtliche Entscheidung, so gibt das Bundesverfassungsgericht auch dem durch die Entscheidung Begünstigten Gelegenheit zur Äußerung.

(4) Richtet sich die Verfassungsbeschwerde unmittelbar oder mittelbar gegen ein Gesetz, so ist § 77 entsprechend anzuwenden.

(5) Die in den Absätzen 1, 2 und 4 genannten Verfassungsorgane können dem Verfahren beitreten. Das Bundesverfassungsgericht kann von mündlicher Verhandlung absehen, wenn von ihr keine weitere Förderung des Verfahrens zu erwarten ist und die zur Äußerung berechtigten Verfassungsorgane, die dem Verfahren beigetreten sind, auf mündliche Verhandlung verzichten.

§ 95

(1) Wird der Verfassungsbeschwerde stattgegeben, so ist in der Entscheidung festzustellen, welche Vorschrift des Grundgesetzes und durch welche Handlung oder Unterlassung sie verletzt wurde. Das Bundesverfassungsgericht kann zugleich aussprechen, daß auch jede Wiederholung der beanstandeten Maßnahme das Grundgesetz verletzt.

(2) Wird der Verfassungsbeschwerde gegen eine Entscheidung stattgegeben, so hebt das Bundesverfassungsgericht die Entscheidung auf, in den Fällen des § 90 Abs. 2 Satz 1 verweist es die Sache an ein zuständiges Gericht zurück.

(3) Wird der Verfassungsbeschwerde gegen ein Gesetz stattgegeben, so ist das Gesetz für nichtig zu erklären. Das gleiche gilt, wenn der Verfassungsbeschwerde gemäß Absatz 2 stattgegeben wird, weil die aufgehobene Entscheidung auf einem verfassungswidrigen Gesetz beruht. Die Vorschrift des § 79 gilt entsprechend.

§ 95 a
(weggefallen)

§ 96
(weggefallen)

Sechzehnter Abschnitt

§ 97
(weggefallen)

IV. TEIL

Schlußvorschriften

§ 98

(1) Ein Richter des Bundesverfassungsgerichts tritt mit Ablauf der Amtszeit (§ 4 Abs. 1, 3 und 4) in den Ruhestand.

(2) Ein Richter des Bundesverfassungsgerichts ist bei dauernder Dienstunfähigkeit in den Ruhestand zu versetzen.

(3) Ein Richter des Bundesverfassungsgerichts ist auf Antrag ohne Nachweis der Dienstunfähigkeit in den Ruhestand zu versetzen, wenn er sein Amt als Richter des Bundesverfassungsgerichts wenigstens sechs Jahre bekleidet hat und wenn er

1. das 65. Lebensjahr vollendet hat oder
2. schwerbehinderter Mensch im Sinne des § 2 Abs. 2 des Neunten Buches Sozialgesetzbuch ist und das 60. Lebensjahr vollendet hat.

(4) In den Fällen des Absatzes 3 gilt § 4 Abs. 4 sinngemäß.

(5) Ein Richter im Ruhestand erhält Ruhegehalt. Das

Ruhegehalt wird auf der Grundlage der Bezüge berechnet, die dem Richter nach dem Gesetz über das Amtsgehalt der Mitglieder des Bundesverfassungsgerichts zuletzt zugestanden haben. Entsprechendes gilt für die Hinterbliebenenversorgung.

(6) § 70 des Beamtenversorgungsgesetzes gilt entsprechend.

§ 99
(weggefallen)

§ 100

(1) Endet das Amt eines Richters des Bundesverfassungsgerichts nach § 12, so erhält er, wenn er sein Amt wenigstens zwei Jahre bekleidet hat, für die Dauer eines Jahres ein Übergangsgeld in Höhe seiner Bezüge nach Maßgabe des Gesetzes über das Amtsgehalt der Mitglieder des Bundesverfassungsgerichts. Dies gilt nicht für den Fall des Eintritts in den Ruhestand nach § 98.

(2) Die Hinterbliebenen eines früheren Richters des Bundesverfassungsgerichts, der zur Zeit seines Todes Übergangsgeld bezog, erhalten Sterbegeld sowie für den Rest der Bezugsdauer des Übergangsgeldes Witwen- und Waisengeld; Sterbegeld, Witwen- und Waisengeld werden aus dem Übergangsgeld berechnet.

§ 101

(1) Ein zum Richter des Bundesverfassungsgerichts gewählter Beamter oder Richter scheidet vorbehaltlich der Vorschrift des § 70 des Deutschen Richtergesetzes mit der Ernennung aus seinem bisherigen Amt aus. Für die Dauer des Amtes als Richter des Bundesverfassungsgerichts ruhen die in dem Dienstverhältnis als Beamter oder Richter begründeten Rechte und Pflichten. Bei unfallverletzten Beamten oder Richtern bleibt der Anspruch auf das Heilverfahren unberührt.

(2) Endet das Amt als Richter des Bundesverfassungsgerichts, so tritt der Beamte oder Richter, wenn ihm kein anderes Amt übertragen wird, aus seinem Dienstverhältnis als Beamter oder Richter in den Ruhestand und erhält das Ruhegehalt, das er in seinem früheren Amt unter Hinzurechnung der Dienstzeit als Richter des Bundesverfassungsgerichts erhalten hätte. Soweit es sich um Beamte oder Richter handelt, die nicht Bundesbeamte oder Bundesrichter sind, erstattet der Bund dem Dienstherrn das Ruhegehalt sowie die Hinterbliebenenbezüge.

(3) Die Absätze 1 und 2 gelten nicht für beamtete Lehrer des Rechts an einer deutschen Hochschule. Für die Dauer ihres Amtes als Richter am Bundesverfassungsgericht ruhen grundsätzlich ihre Pflichten aus dem Dienstverhältnis als Hochschullehrer. Von den Dienstbezügen aus dem Dienstverhältnis als Hochschullehrer werden zwei Drittel auf die ihnen als Richter des Bundesverfassungsgerichts zustehenden Bezüge angerechnet. Der Bund erstattet dem Dienstherrn des Hochschullehrers die durch seine Vertretung erwachsenden tatsächlichen Ausgaben bis zur Höhe der angerechneten Beträge.

§ 102

(1) Steht einem früheren Richter des Bundesverfassungsgerichts ein Anspruch auf Ruhegehalt nach § 101 zu, so ruht dieser Anspruch für den Zeitraum, für den ihm Ruhegehalt oder Übergangsgeld nach § 98 oder § 100 zu zahlen ist, bis zur Höhe des Betrages dieser Bezüge.

(2) Wird ein früherer Richter des Bundesverfassungsgerichts, der Übergangsgeld nach § 100 bezieht, im öffentlichen Dienst wiederverwendet, so wird das Einkommen aus dieser Verwendung auf das Übergangsgeld angerechnet.

(3) Bezieht ein früherer Richter des Bundesverfassungsgerichts Dienstbezüge, Emeritenbezüge oder Ruhegehalt aus einem vor oder während seiner Amtszeit als Bundesverfassungsrichter begründeten Dienstverhältnis als Hochschul-

lehrer, so ruhen neben den Dienstbezügen das Ruhegeld oder das Übergangsgeld aus dem Richteramt insoweit, als sie zusammen das um den nach § 101 Abs. 3 Satz 3 anrechnungsfreien Betrag erhöhte Amtsgehalt übersteigen; neben den Emeritenbezügen oder dem Ruhegehalt aus dem Dienstverhältnis als Hochschullehrer werden das Ruhegehalt oder das Übergangsgeld aus dem Richteramt bis zur Erreichung des Ruhegehalts gewährt, das sich unter Zugrundelegung der gesamten ruhegehaltfähigen Dienstzeit und des Amtsgehalts zuzüglich des anrechnungsfreien Betrages nach § 101 Abs. 3 Satz 3 ergibt.

(4) Die Absätze 1 bis 3 gelten entsprechend für die Hinterbliebenen. § 54 Abs. 3 und Abs. 4 Satz 2 des Beamtenversorgungsgesetzes gilt sinngemäß.

§ 103

Soweit in den §§ 98 bis 102 nichts anderes bestimmt ist, finden auf die Richter des Bundesverfassungsgerichts die für Bundesrichter geltenden versorgungsrechtlichen Vorschriften Anwendung; Zeiten einer Tätigkeit, die für die Wahrnehmung des Amts des Richters des Bundesverfassungsgerichts dienlich ist, sind Zeiten im Sinne des § 11 Abs. 1 Nr. 3 Buchstabe a des Beamtenversorgungsgesetzes. Die versorgungsrechtlichen Entscheidungen trifft der Präsident des Bundesverfassungsgerichts.

§ 104

(1) Wird ein Rechtsanwalt zum Richter am Bundesverfassungsgericht ernannt, so ruhen seine Rechte aus der Zulassung für die Dauer seines Amtes.

(2) Wird ein Notar zum Richter am Bundesverfassungsgericht ernannt, so gilt § 101 Abs. 1 Satz 2 entsprechend.

§ 105

(1) Das Bundesverfassungsgericht kann den Bundespräsidenten ermächtigen,

1. wegen dauernder Dienstunfähigkeit einen Richter des Bundesverfassungsgerichts in den Ruhestand zu versetzen;
2. einen Richter des Bundesverfassungsgerichts zu entlassen, wenn er wegen einer entehrenden Handlung oder zu einer Freiheitsstrafe von mehr als sechs Monaten rechtskräftig verurteilt worden ist oder wenn er sich einer so groben Pflichtverletzung schuldig gemacht hat, daß sein Verbleiben im Amt ausgeschlossen ist.

(2) Über die Einleitung des Verfahrens nach Absatz 1 entscheidet das Plenum des Bundesverfassungsgerichts.

(3) Die allgemeinen Verfahrensvorschriften sowie die Vorschriften des § 54 Abs. 1 und § 55 Abs. 1, 2, 4 bis 6 gelten entsprechend.

(4) Die Ermächtigung nach Absatz 1 bedarf der Zustimmung von zwei Dritteln der Mitglieder des Gerichts.

(5) Nach Einleitung des Verfahrens gemäß Absatz 2 kann das Plenum des Bundesverfassungsgerichts den Richter vorläufig seines Amtes entheben. Das gleiche gilt, wenn gegen den Richter wegen einer Straftat das Hauptverfahren eröffnet worden ist. Die vorläufige Enthebung vom Amt bedarf der Zustimmung von zwei Dritteln der Mitglieder des Gerichts.

(6) Mit der Entlassung nach Absatz 1 Nr. 2 verliert der Richter alle Ansprüche aus seinem Amt.

§ 106
(Inkrafttreten)

§ 107
(weggefallen)

Sachregister

Die Zahlen ohne Zusatz bedeuten den Artikel des Grundgesetzes, eine vorangestellte II bedeutet die Paragraphen des Gesetzes über das Bundesverfassungsgericht.